本书由“西南交通大学新时代‘大思政’育人工作项目”立项支持
（项目编号：DSZ2019-ZLTS-07）

跨越三世纪的坚守与传承

——西南交通大学文化读本

主　编　贾兆帅　陈　晨

副主编　史维生　陈　刚　干　璐　宋俊宏

西南交通大学出版社
·成　都·

图书在版编目（CIP）数据

跨越三世纪的坚守与传承：西南交通大学文化读本 / 贾兆帅，陈晨主编. 一成都：西南交通大学出版社，2020.9
ISBN 978-7-5643-7622-2

Ⅰ. ①跨… Ⅱ. ①贾… ②陈… Ⅲ. ①西南交通大学－校园文化－概况 Ⅳ. ①G649.287.11

中国版本图书馆 CIP 数据核字（2020）第 169227 号

Kuayue Shan Shiji de Jianshou yu Chuancheng —— Xinan Jiaotong Daxue Wenhua Duben
跨越三世纪的坚守与传承——西南交通大学文化读本
主编 贾兆帅 陈 晨

责任编辑	居碧娟
封面设计	原谋书装
出版发行	西南交通大学出版社 （四川省成都市金牛区二环路北一段 111 号 西南交通大学创新大厦 21 楼）
发行部电话	028-87600564 028-87600533
邮政编码	610031
网 址	http://www.xnjdcbs.com
印 刷	四川煤田地质制图印刷厂
成品尺寸	170 mm × 230 mm
印 张	19
字 数	283 千
版 次	2020 年 9 月第 1 版
印 次	2020 年 9 月第 1 次
书 号	ISBN 978-7-5643-7622-2
定 价	88.00 元

前言

西南交通大学作为中国第一所工程教育高等学府，是中国土木工程、矿冶工程、交通工程高等教育的发祥地和“交通大学”两大源头之一。跨越三个世纪，一百二十多个春秋，十余次搬迁、十余次更名，饱经沧桑，薪火相传，秉承“灌输文化尚交通”之使命，始终与民族共命运、与人民同呼吸，锻造了“打不垮、拖不烂”的铮铮铁骨，写就了中国高等教育发展史上的传奇佳话。

翻开西南交大的历史长卷，从榆关发端，于唐山扬名，迁峨眉山下，定蓉城沃土，历经八国联军侵华、辛亥革命爆发、封建帝制终结、抗日战争乱世、人民解放战争洗礼，在新中国的怀抱中涅槃重生开启新篇章，又响应“三线建设”，支援成昆铁路建设号召转战祖国西南，扎根巴蜀大地，沐浴改革开放春风，迈入中国特色社会主义新时代，矢志“复兴交大，创建一流大学”。细细品味办学历程上的点点滴滴，可谓惊涛拍岸、波澜壮阔、荡气回肠，深感砥砺奋进、弦歌不辍之艰辛，并为代代交大人的坚韧不拔之精神、矢志不渝之壮举所折服。每每事关学校危急存亡之关键时刻，师生校友都坚守着一个共同信念——“不能散、不能垮”，以涓涓细流汇成浩瀚之势，支撑母校渡过一个又一个难关。这一共同信念饱含着交大人对母校的深厚情谊，更蕴含着对民族的责任、对人民的担当，彰显出西南交大的强大凝聚力与历史责任感，淬炼出西南交大的刚毅性格与果敢品质，让西南交大的历史底蕴与文化底色更加深厚鲜明。

西南交大是一所有故事的大学，也是一所文化特质鲜明的大学，时至今日业已形成具有自身特色的大学文化体系。这一特色鲜明的大学文化体系是一代代西南交大人爱国荣校、矢志奋斗的精神价值集中凝练，也是中华优秀传统文化、革命文化和社会主义先进文化在西南交大发展史上的持续沉淀，更是激励新时代西南交大人加快建设一流大学的强大精神动力。

习近平总书记指出，文化是一个国家、一个民族的灵魂。文化自信是一个国家、一个民族发展中更基本、更深沉、更持久的力量。同样，大学文化是大学的根和魂，阐释着大学的初心与使命，诠释着大学的精神与价值，昭示着大学的前途与未来。立足新时代，实现西南交大历史性伟大复兴，需要坚定西南交大文化自信，不忘办学初心、牢记育人使命，以大学文化润泽交大复兴征程，以大学文化熏陶交大莘莘学子，不断增强师生校友的向心力和战斗力，不断提升学校的竞争力、影响力，携手让西南交大这艘航船驶向更加辉煌的未来！

值此建校 124 周年之际，我们在校内外校史研究学者已有研究成果的基础上，对西南交通大学跨越三个世纪办学历史进程中的文化元素进行了系统梳理、整合与阐发，竭力描绘西南交大的文化图谱，以飨师生校友，打造学校文化育人新介体。

贾兆帅

2020 年 5 月 15 日

目录 Contents

第一章　历史沿革

第二章　文化标识

目录
Contents

目录 Contents

目录

Contents

第一章 历史沿革

一、校史概览

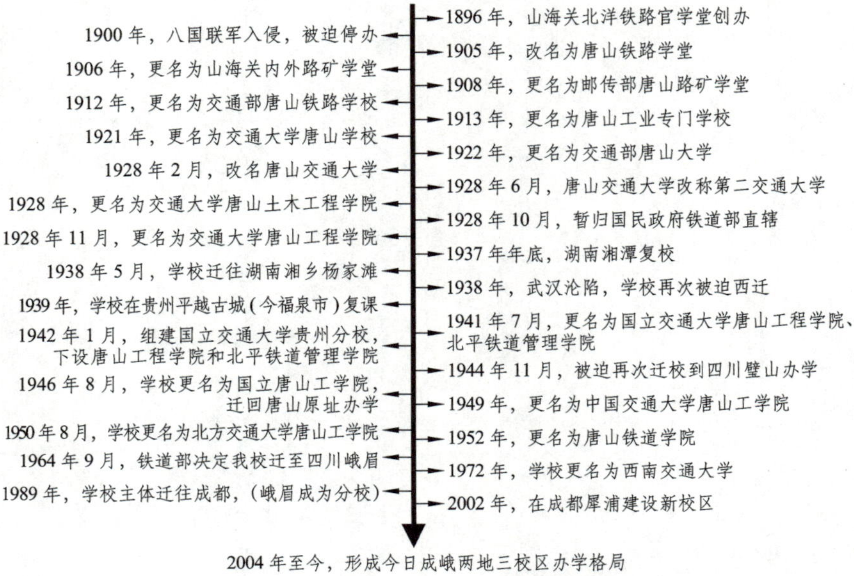

图 1-1　西南交大历史脉络

二、直隶总督的奏折

19 世纪，西方经历了第一次工业革命的洗礼，已步入蒸汽机车时代，生产力水平飞速发展。然而同时代的中国闭关锁国、故步自封，做着天朝上国的美梦，仍延续着马驮人扛的落后农耕文明。落后就要挨打，在西方列强的坚船利炮下，中国开始沦为半殖民地半封建社会，在屈辱中被迫卷入了近代文明。自此，中国社会开始发生深刻的历史变迁，尽管这是一个被动的历史过程。

（一）“马车铁路”——中国第一条自建铁路诞生

1878年，清政府大臣李鸿章为解决北洋海军、天津机器局和轮船招商局用煤问题，在直隶（今河北）省成立开平矿务局。开平矿务局是清末洋务运动开始后官督商办的大型新式采煤企业，采用当时较为先进的采矿机器挖煤。开平矿务局投入运营后，大量原煤被开采出来。然而开采出来的原煤却成了李鸿章第一头痛大事，因为原煤的大量堆积和无法及时运出，不能及时解决现实需要问题。为此，在李鸿章的一再坚持下，清政府最终同意修筑唐山至胥各庄之间的铁路，并聘请开平矿务局英籍工程师金达（C.W.Kingder）为工程师。

1881年，全长9.2千米的唐胥铁路铺轨建成并即将通车。然而此时铁轨上通行的车却并非火车，而是马车。清政府统治者中的守旧派以清朝皇室东陵离唐山不远，火车运行所产生的震动和轰鸣声会“震动山陵”“破坏地脉”，影响大清国运为由，不准机车在铁路上运行。为此，李鸿章不得已再次以退为进，提出以骡马拖载货车的方式进行煤炭运输，才得到了清政府的同意。“骡马牵货车，拖煤过山坡”便成为当时唐胥铁路上的一道“奇特风景线”。这种运量极少、速度极慢的骡马牵引货车在铁路上运煤的可笑方式被当时的先进分子讽刺为“马车铁路”。

（二）甲午战争——中国铁路建设的新转机

1894年，中日甲午战争爆发，清政府战败，北洋水师全军覆没。清政府统治者在落后挨打的血淋淋教训中终于认识到了铁路对调运兵力、运送战略物资和保障国计民生的极端重要性。1895年，清光绪帝颁布上谕，宣称“力行实政”，其中最重要的一条就是“修铁路”。霎时，全国上下掀起了修建铁路的热潮，清朝要臣和地方封疆大吏纷纷上书奏请修建铁路，朝中的顽固守旧派见事已至此，也不敢再公开阻拦。

从此，中国铁路建设迎来了历史上的第一个高潮。

（三）人才需要——提出建立铁路学堂

1896 年，戊戌变法的领袖人物梁启超感叹道："每造铁路，十英里[①]需用上等工匠一员，次等六十员，今之明于机器，习于工程学，才任工师者，几何人矣"。中国铁路建设的新高潮亟须解决的最为迫切的问题就是铁路建设人才的匮乏，且当时铁路技术人才几乎全部以重金从国外招聘而来。因此，要全面推动中国铁路建设，就需要建立一所专门的高水平铁路学堂来培养中国自己的铁路建设人才。早在 1893 年 9 月 20 日，时任北洋官铁路局工程师的金达就上书直隶总督兼北洋大臣李鸿章，建议建立专门的铁路学堂，培养属于中国自己的铁路工程师。但李鸿章借口经费紧张，决定缓办，仅准许在天津武备学堂增招学生，开设铁路班。

1896 年 5 月 4 日，金达再次上书时任津卢铁路督办的胡燏棻，建议开办铁路学堂，并进一步细化了办学的具体事宜。此次金达的建议得到了胡燏棻的高度重视，胡燏棻随即将金达的上书内容转呈至新任直隶总督兼北洋大臣王文韶手中。王文韶对金达的建议极为赞赏，并批准创设铁路学堂，责成胡橘棻会同北洋铁路总局总办吴调卿筹办，同时表示会尽快上书奏请光绪皇帝同意。

（四）御笔朱批——山海关北洋铁路官学堂建立

1896 年 10 月 29 日，王文韶上书光绪帝，奏折名为《奏为拟设立铁路学堂所需经费在火车脚价等项下酌加应用事》，建议创建铁路学堂。同日，光绪皇帝朱批："该衙门知道"，正式批准设立中国第一所官办铁路高等学校——山海关北洋铁路官学堂。山海关北洋铁路官学堂，这是西南交大跨越三

---

① 1 英里=1.61 千米。

个世纪办学历程中的第一个名字。创始人之一吴调卿，以津榆铁路总局总办的身份兼任铁路学堂第一任总办（校长）。

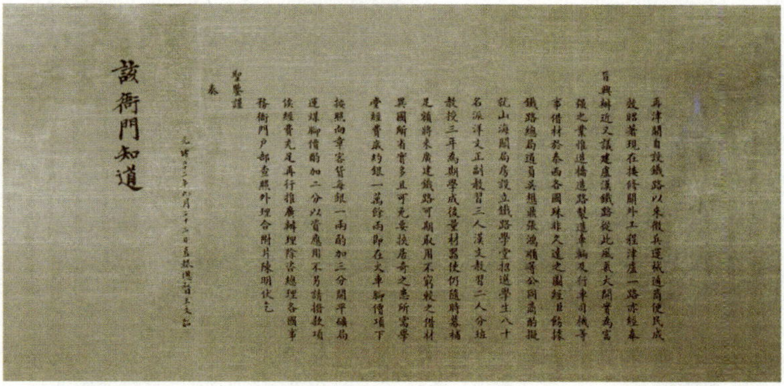
該衙門知道

图 1-2　光绪皇帝朱批

1896 年 11 月 20 日，北洋铁路总局在上海的《申报》《新闻报》等报纸上刊登《铁路学堂告白》《铁路学堂章程》，向外界宣告铁路学堂的建立并开始招生。

铁路学堂建立，《申报》《新闻报》等众多媒体纷纷报道，称道：“从此人才辈出，毋事借才异地。至其堂规周密，寓意遥深，专习铁路工程，不杂另艺；自入学以至成才，无不优其廪饩，示以阶级，奖劝毕昭，尤深钦佩；非他处之所习非所用也。”

三、中国现存最早的大学毕业证书

这张被称为中国发现的最早的大学毕业文凭，比 4 开报纸还大，长 47.3 厘米、宽 33.5 厘米，相当于今天大学毕业证书的 4 倍大。毕业证的底色是淡蓝色，材质是布纹纸，现珍藏在西南交大校史馆中。证上的字迹清晰可见，其正上方用英文印着“Imperial Chinese Railway College”，毕业证右下角用毛笔写着“山海关北洋铁路官学堂张孝基”，表明这张毕业证是颁给当时的学生张孝基的。毕业证正中填写了张孝基从1898 年到 1900 年在学校就读完成正规课程毕业，以及张孝基正规课程毕业考试成绩情况，这些课程是 English，Chinese，Mechanics，Drawing 等 7 门主修课。Chinese 的成绩一栏填写有“文义通顺”字样。

Imperial Chinese Railway College.

Shan-hai-kuan, March 17 1900.

This is to certify that

Mr. Chang Hsiao Chi

was a Student of the Shan-hai-kuan Railway College

from March 1898 to April 1900

The Curriculum included the following Subjects:—

1.—English. (a) Grammar. (b) Composition. (c) Conversation.

2.—Chinese. 文義通順

3.—Mathematics. (a) Arithmetic. (b) Algebra. (c) Geometry. (d) Mensuration. (e) Trigonometry. (f) Elements of Anal. Geom. and Calculus.

4.—Mechanics. (a) Statics, Dynamics and Hydrostatics. (b) Engineering and Strength of Materials. (c) Design of Machines and Structures.

5.—Drawing. (a) Freehand. (b) Geometrical and Perspective. (c) Mechanical and Civil Engineering.

6.—Surveying and Levelling. (a) Setting out and Calculation of Earthwork. (b) Railway Curves, Points and Crossings, &c. (c) General Surveying and Levelling.

7.—General Physics, &c.

Mr. Chang Hsiao Chi passed through the above course, and in the final Examination was twelfth in his Class.

Signed Ernest Sprague
Professor

图 1-3　中国现存最早的大学毕业证

山海关北洋铁路官学堂在开办之初就极为重视学生的培养质量，对学生的要求非常严格。进入学堂，首先要参加全国的招生考试。通过考试，被录取的学生要接受路局机关的淘汰测试，最后通过路局机关淘汰测试的学生才算真正取得了入学资格。学堂第一批招生数量计划为40名，但因学堂招生考试和路局机关测试甚为严格，第一届学生并未招满。经历多重考验考入学堂的第一届学生，还要在正式的学习过程中不断接受频繁而严格的考察考试。考察考试的结果定期公布，优秀者列榜表扬并发放赡银；成绩不合格或者靠后者留级、延后发文凭乃至直接退学。1900年，学堂第一批学生正式毕业。当初入校的39名学生中仅有17人获得了毕业证，张孝基就是其中之一。

四、辉煌卓著的唐山时代

1900年9月，八国联军侵占了山海关北洋铁路官学堂的校舍，学校被迫长期停课。

1902年8月，八国联军撤离山海关。从1903年开始，清政府督办关内外铁路大臣和关内外铁路总局总办就积极筹划复办铁路学堂。1905年，铁路学堂在唐山复校，开启了西南交大辉煌卓著的“唐山时代”。西南交大的唐山时代严格意义上讲是两个时间段，第一个时间段为1905年至1937年，是西南交大建校固本强基时期；第二个时间段为1946年至1972年，是西南交大办学历史上最为辉煌的时期之一。

（一）1905年至1937年

1905年，学校在唐山复校，更名为唐山铁路学堂，仍按山海关北洋铁路官学堂旧制设铁路工程科。西南交大历史上的第一个唐山时代便从此时拉开了序幕。

1906年，唐山铁路学堂增设矿科，并更名为山海关内外路矿学堂。1908年，学堂由清政府邮传部直辖，更名为邮传部唐山路矿学堂。1912年，中华民国政府成立，清政府的邮传部被民国政府交通部取代，学堂归民国交通部直辖，并更名为交通部唐山铁路学校。1913 年奉民国教育部、交通部令，学校更名为唐山工业专门学校。

1921 年，北洋政府交通部组建交通大学，总部设在北京，下设北京、唐山、上海三个学校，学校更名为交通大学唐山学校。1922 年，交通部改组交通大学，下设唐山大学和南洋大学，学校更名为交通部唐山大学。1928 年 2 月，北洋政府交通部指令唐山大学改名唐山交通大学。

1928 年 6 月，国民政府宣布南北统一，唐山交通大学改称第二交通大学，随后又更名为交通大学唐山土木工程学院。同年 10 月，国民政府设立铁道部，交通大学唐山土木工程学院暂归铁道部直辖。11 月，交通大学移归铁道部后，交通大学改称铁道部交通大学，下设上海本部、唐山工程学院和北平铁道管理学院，学校更名为交通大学唐山工程学院。

1937 年“七七事变”后，交通大学唐山工程学院校园被日军占领。交大师生不得不放弃唐山校园，纷纷南迁。至此，西南交大第一个唐山时代宣告结束。

西南交大的第一个唐山时代是饱经沧桑、历经风雨的时代，同时也是交大在战乱中成长、在挑战中变强的时代。这个时代的交大人以实业救国、民族复兴为己任，奔跑在满目疮痍的中华大地上救国救民，坚定不移地扛起了民族复兴的大旗。这一时代的交大人，是时代的骄傲、民族的骄傲。这一时期的交大人，在困难前无所畏惧，在艰难中昂首前行，为后期学校的辉煌打下了坚实的基础。

（二）1946 年至 1972 年

第二个唐山时代是西南交大历史上最为辉煌的时期之一。抗日战争胜利后，1946 年学校奉命回迁唐山，师生回到了阔别已久的唐山校园。1949 年中华人民共和国成立后，学校凤凰涅槃，开启历史新篇章，各项工作万象更新，取得了长足发展。1949 年 7 月，铁道部提出“只要有真才实学的教师，不受定员的限制，可以广泛吸收聘请”。当时铁道部接管唐山工程学院时，学院有正教授 28 名，副教授 7 名，名列全国高校前茅。但时任学院院务委员会主任的唐振绪认为师资力量还远远不够，于是亲自撰写《新唐院近景》，作为一篇“求贤榜文”刊登在 1949 年 8 月出版的《建设事业励进社社报》杂志第 100 期上。文中，唐振绪诚挚邀请广大权威学者来学院任教并从事研究工作，成为学校建设发展的柱石之才，而且聘请名额是无限的。唐振绪在文中还专门讲到了聘任为学校工作人员的待遇：“我们所聘定的教员来唐山就职，享有铁道部员工福利，除本人同眷属有火车免票外，行李书籍也有免费运输证，到此有住宅，薪金待遇较一般大学都要高。正教授待遇从 1000 斤到 1500 斤小米（当时清华、北大、北洋、南开等最高待遇才为 1300 斤），教授自办的小灶膳团，每人每月为 150 斤小米（鱼肉俱全），除此之外，水电煤均由学校提供，可说是无其他开支。副教授至少每月 800 斤小米，讲师至少 700 斤，助教至少 400 斤。”

唐振绪的文章在国内外产生了巨大影响。1950 年 2 月，他的文章被美国费城出版社《建美科协通讯》第五期转载，并在海外迅速流传开来。不到两年时间，学校就从国内外引进了知名教授、副教授和讲师 80 余名。他们当中有毕业于美国麻省理工学院的曹建猷夫妇，还有辞去高薪工作的高渠清、劳远昌、胡春农、孙竹生、吴炳焜、杜庆萱等大批留学海外的专家学者。

1951 年，全校正教授人数增至 66 人，占教师队伍人数的 33%，与在校生人数比例为 1∶17。正、副教授人数总数达到了 90 人，相当于当时全国正副教授总人数的 1/19。当时的学校群贤毕至，专家汇聚，名师荟萃，声名鹊起。这些教师中留学美国的有 42 人，留学英国的有 7 人，留学其他国家的有 3 人。他们中的大多数都成为我国高等教育相关学科的奠基人和领头人，其中茅以升、袁见齐、魏寿昆、严东升、曹建猷、余国琮、吴自良、徐祖耀、顾夏声、卢肇钧等教授在后来相继被评为中国科学院、中国工程院院士。不仅如此，学校在全国的招生录取名额极度有限，而且录取标准非常之高。学校的录取线在全国高校几乎是最高的，遥遥领先于清华、北大等大学。当时，全国顶尖的优秀学生都以报考学校为目标，以进入学校学习为荣耀。

1951 年，铁道部决定学校建筑工程系和信号专修科调整至北京铁道学院，建筑工程系后又调整至天津大学。

1952 年 6 月至 9 月，党中央决定仿照苏联模式在全国高校中进行大规模院系结构调整。北方交通大学唐山工学院被列为调整重点，水利系及黄万里、顾夏声等教授被调整到清华大学；化工系及吴自良、余国琮等教授、建筑系及刘福泰等教授等被调整到天津大学；冶金系、采矿系被一分为三，一部分被调整至北京钢铁学院，剩下的组建了北京矿业学院和北京地质学院。经过调整，北方交通大学唐山工学院由多科性工科大学变为单科性铁道学院，并正式更名唐山铁道学院。1952 年，7 名唐山铁道学院校友成为中国科学院院士，招生录取分数线继续领先清华、北大等大学。

1960 年 10 月 22 日，中共中央发出《关于增加全国重点高等学校的决定》，学校被指定为全国重点高等学校。

1971 年，为支援成昆铁路建设，学校惜别唐山，千里搬迁至四川峨眉。1972 年 3 月 1 日，唐山铁道学院正式更名为西南交通大学。从此，学校告别唐山时代，扎根大西南，曲折中奋进，为国家发展和民族复兴自强不息，敦笃前行。

五、艰苦卓绝的峨眉时代

20 世纪 60 年代中期，中苏交恶，同时美国在我国东南沿海区域加强攻势。为确保国家安全、加强国防建设，中央政府从 1964 年开始在广大中西部地区的 13 个省、自治区开展了一场以战备为指导思想的大规模国防、科技、工业和交通基本设施建设——“三线建设”。同时，成昆铁路建设需要强有力的人才与科技支撑，加上学校当时因受到开滦煤矿采掘的影响，也在继续寻找新的校址以求新的突破和发展。1965 年 3 月 10 日，中共中央正式下文批准唐山铁道学院内迁四川省峨眉县。

铁道部、四川省政府批准学校在峨眉县马路桥镇和黄湾村之间的丘陵荒地建校。在丘陵荒地建校，是一个艰苦而浩大的工程。对于校园建设来说，第一要务就要是平场地，在当时的人员和机械设备条件下，光通水、通路、通电这几项工作就足以让人吃不消。但学校师生员工并没有被困难吓倒，他们自己动手，结合专业优势充分调动资源，最终依靠自己的力量将这浩大工程完成了。时任铁道部部长吕正操深受感动，提出“自己动手，迁校建校”，并多次亲临学校指导建设工作。同时，为加快进度，铁道部先从东北铁路工程局抽调 300 名建筑工人，随后又从其他 5 个铁路局抽调 200 余人组成了一个 500 余人的建筑工程队，支援学校建设。经过将近 7 年的艰辛建设，一所拥有 10 万余平方米夯筑房、初步具备教育教学条件的高等学府在这座风景秀丽、闻名天下的峨眉山下诞生了。

1971 年 11 月，交通部军管会一纸令下，要求唐山铁道学院留在唐山的全体教职工、家属以及学校的仪器、设备、图书等立即迁往峨眉。1972 年，内迁峨眉的唐山铁道学院正式更名为西南交通大学。

刚建起来的峨眉校园，生活条件极为艰苦。校园里没有自来水，师生们需要自己挖掘水井并进行消毒后使用；峨眉常年阴雨，地面潮湿，没有铺水泥的路面更是满地泥泞，一脚下去稀泥能直接漫过膝盖；师生住房更是简陋，就连名震中外的老教授一家人也只能挤在 40 平方米的小房子里；山高坡陡，交通极为不便，就连购买针线、牙刷等日用品都要行走到几公里外的县城才能购置。

困难永远难不倒坚强的交大人，越是艰难，交大人越能战斗。为改善学校办学条件，学校经研究做出了一个重大决定：削平中山梁山头至海拔 510 米处，形成以中山梁为中心的教学行政办公区，利用挖出来的土石方填平西侧山沟，修建体育运动场。开山填沟，平地建场——这是峨眉建校史上最宏大和最具挑战性的一项决定性工程。随着 50 吨炸药对中山梁实施爆破，那震耳欲聋的爆破声响彻几十千米依然清晰入耳，整个中山梁教学区的施工土石量就达到了 100 万立方米。在削平的中山梁山头，学校修建了第 2、3、4 号教学楼，第 2、3、4、5、7、8、10、11 号阶梯教室以及风洞实验室。随后，学校又新建了一批教学用房和生活用房，行政楼主楼、图书馆、明诚堂、西山梁 3、4、5 号宿舍楼和大阪区 4、5 号宿舍楼、校园生活广场、塑胶运动场、教职工住宅以及实验楼、清真食堂等陆续交付使用。

昔日的铁锹二锤碰撞的铿锵之声依然回荡在师生耳边；今日的峨眉校园风景秀丽，教学科研生活设施一应俱全；今日的峨眉校园鸟语花香、书声琅琅，一派百年高校淡泊名利、宁静致远的学府气象。

峨眉时代是一代交大人艰苦创业、矢志奋斗的时代，是西南交大弘扬“竢实扬华、自强不息”交大精神的时代，是万千交大人追忆学校韶华、饮水思源和精神归属所在。

六、充满希望的成都时代

（一）迁出峨眉，入蓉艰辛

1971 年，学校迁到峨眉以后，由于办学条件艰苦，加之交通不便、信息闭塞等综合因素影响，学校招生质量显著下降，师资队伍严重流失，各项工作举步维艰。尤其是改革开放以后，全国教育事业蓬勃发展，众多高校发展都呈昂扬之势，而西南交大的发展却在走下坡路，办学质量急剧下滑。峨眉校址问题已成为限制学校发展的关键所在。

为此，1979 年 3 月 13 日，学校党委向铁道部党组提出关于解决西南交大校址问题的报告，并上报党中央、国务院，抄报教育部，提出迁往北京、河北石家庄、唐山或保定、四川成都的建议。

1979 年 10 月，西南交大教授、副教授 50 余人签名，向国务院提出“迅速恢复唐山交通大学”的建议。紧接着，学校各单位 1 356 名教职工联名向党中央、国务院提出“要求及早解决西南交通大学校址问题”的建议。学校党委在综合各方面意见的基础上，再次提出《关于西南交通大学校址问题的报告》，于 11 月报送铁道部党组并转报党中央、国务院。

（二）一脚峨眉，一脚成都

关于西南交大校址问题，当时铁道部已听取多方面反映，对学校的办学困难也有所了解，开始设法改善：1978 年 9 月征得成都市革委会同意，批准学校在成都设立西南交大办事处；1979 年 7 月，铁道部又把原属成都铁路局和铁道部第二工程局的两个中专学校校址划给了西南交大，改为西南交大成都分部。

1979 年 12 月，铁道部党组收到西南交大党委报告后，准备进一步解决校址问题。1980 年 5 月，铁道部有关领导来川与四川省商谈迁校问题。此后，铁道部与西南交大一道在成都市范围内铁道部部属单位有土地潜力的地点开展调查，希望能够扩大学校在成都的办学点。

1981 年 10 月 20 日，铁道部有关领导来西南交大参加建校 85 周年庆祝活动，在讲话中指出：“最近，我们党和国家领导人多次指出，一些国际上的有识之士也逐渐认识到，六十年代中期，是一个危险时期，这个危险指的就是战争危险。因此我们必须有充分准备，而这个准备是多方面的。在战略大后方，有一所高水平的理工科大学，尤其是在铁路部门，是十分必要的。西南交大迁西南，是国务院决定的，我们必须贯彻实行。在峨眉办好这个重点学校是有些困难的。来参加你们校庆之前，铁道部经过研究讨论，在省里已经同意我们铁路内部调整，解决成都用地问题的情况下，我们明年就安排投资，在成都扩建分部，峨眉继续配套，峨眉仍是学校的重点。还是这个方针：坚持四项基本原则，坚持备战观点，立足峨眉、成都，办好学校。”①

于是铁道部做出了“立足于峨眉，充分利用成都分部的条件，把学校办好”的决定。从此，学校形成一脚峨眉、一脚成都的办学格局。但这样的模式依然无法解决学校的办学困境。

（三）饮水思源，多方聚力助迁蓉

学校办学质量的急剧下降引起了海内外校友的高度关注，制约学校发展的校址问题已成为广大校友聚力解决的头等大事。

时任全国人大常委会委员、85 岁高龄的茅以升老校长，在 1981 年 12 月 1 日五届全国人大四次会议上以提案提出“请政府考虑施行恢复有八十五年历史的唐山交通大学”。后又在 1982 年 11 月 26 日五届全国人大五次会议中，以提案提出“请国务院按照宪法 89 条 13 款，对铁道部将‘唐山交通大学取消’的错误措施，予以撤销”。同时，时任全国政协委员严铁生、简根贤校友等 23 人，时任全国人大代表潘承孝校友等 5 人以及王良、冯河两位校友等也分别在全国政协五届四次会议，全国政协五届五次会议和五届全国人大五次会议中提出

① 何云庵，闫月勤. 西南交通大学史：第五卷 1972—1989[M]. 成都：西南交通大学出版社，2016.

了有关解决西南交大校址问题的提案。

全国人大代表和政协委员的提案引起了党中央、国务院及各级政府的重视，铁道部曾对提案作了一个总的答复，主要的论点有：第一，1965 年国务院批准将唐山铁道学院迁往峨眉，至 1972 年搬迁完毕，改名西南交通大学。第二，经过几年建设西南交大已基本建成，一直是全国重点大学。第三，西南交大迁峨以后，在教学和生活上确有一些困难，铁道部已经采取措施，逐步加以解决。

在海外，以林同炎为代表的 41 位美籍华裔校友于 1981 年 11 月联名向国务院提出要求解决西南交大校址问题，"以利培育工程界科技人才，以促进四个现代化的实现，并恢复唐山交通大学的盛名于海内外，以正视听，以符威望"。后来林同炎校友又多次回国访问，在与中央领导见面时，也多次向中央领导提到迁校一事。1984 年，林同炎校友又在我国领导人访美期间，代表美籍华裔校友再度提议，希望国家考虑解决西南交大的校址问题。

（四）西南交大主体迁入成都

1983 年 5 月，教育部在武汉召开全国高等教育工作会议，铁道部教育局局长丁关根、四川省高教局副局长王文肃和学校时任校长王润霖参加会议，在讨论加速发展高等教育时，王润霖在会上详细分析了峨眉校址影响学校发展的因素，希望教育部帮助解决山区办学的困境，得到了与会同志的理解。丁关根回京后向铁道部党组汇报武汉会议精神时，突出谈了西南交大的校址问题。

时任铁道部教育局副局长张毅校友，一直以来十分关心母校的建设发展，尤其是在校址问题上更是上心。当时，张毅校友在严格执行铁道部党组决定的前提下，极力主张学校迁往成都市。

四川省高教局领导在向四川省委汇报时，也重点谈了西南交大的校址问题，并谈到河北省已表态，欢迎西南交大去唐山地区秦皇岛市，并且已经为学校划出了沿海的一片土地。

1983年下半年，铁道部党组决定由副部长李克非代表铁道部与四川省协商，在成都建西南交大分校，培养研究生。

1983年12月20日下午，时任四川省委第一书记杨汝岱会见了李克非一行，表示同意西南交大主体迁到成都市。这样，困扰学校多年的校址问题基本得到解决。

四川省委同意学校总校迁往成都的消息传到峨眉以后，全校师生员工欢欣鼓舞。在山区办学的困难终于得到解决，学校有了一个稳定的归宿，教师职工增强了办学的信心，海内外校友感到欣慰。

（五）美丽成都，魅力交大

1989年，学校主体迁入成都。2002年12月，成都犀浦校区奠基动工；2004年7月，犀浦校区正式启用。至此，“一校两地三校区”办学格局正式形成。

今天的西南交大以工见长，设有26个学院（书院、中心），拥有交通运输工程、机械工程2个一级学科国家重点学科，车辆工程、桥梁与隧道工程等10个二级学科国家重点学科，18个一级学科博士学位授权点，3个博士专业学位授权类别，40个一级学科硕士学位授权点，11个博士后科研流动站。交通运输工程学科位居全国第一（A+）并进入国家“双一流”建设序列，土木工程学科位居全国第七（A-），材料科学、工程学、化学、计算机科学进入ESI世界排名前1%。

学校建有轨道交通国家实验室（筹）、牵引动力国家重点实验室等13个国家级科技创新平台和36个省部级科研基地，构建起世界轨道交通领域最完备的学科体系、人才体系和科研体系。学校围绕高速铁路、重载铁路、磁浮交通，新型城轨、真空管道超高速等领域大力开展基础研究与原始创新，构建了以世界公认的“沈氏理论”和“翟孙模型”为标志的铁路大系统动力学基础研究体系，科技成果四次入选“中国高校十大科技进展”。在轨道交通领域获得的国家科技奖励总数位居全国高校、科研院所和行业企业第一，为国家经济建设和社会发展，尤其是中国轨道交通事业发展做出了不可磨灭的贡献。此外，学校还在国防科技、智能制造、生物医药、大数据以及物理科学、人文社科等领域取得了许多重要成果。

七、五校同源：天下交大是一家

“源”在哪里，“源”为何处，历史上的交大又有怎样的发展脉络？1996 年是西南交通大学、上海交通大学、西安交通大学、北京交通大学、新竹交通大学建校 100 周年校庆。西南交大知名校友、1933 届学生、中国科学院院士张维等为纪念母校 100 周年诞辰，在成都九里校区敬立了“思源”碑。“思源”碑碑底为砖，碑前为圆井，寓意着百年交大桃李天下，莘莘学子饮水思源，时刻不忘为母校的建设发展添砖加瓦、贡献力量，同时也隐含着五所交通大学同根同源、兄弟情深之意。

（一）叶恭绰——交通大学的创建人

西南交通大学、上海交通大学、西安交通大学、北京交通大学、新竹交通大学五所交通大学有同一个历史源头——交通大学。这个源头与一位名人有关，他就是毕业于京师大学堂仕学馆，精通诗文、考古、书画鉴赏的一代名士叶恭绰。

1920 年，叶恭绰第三次担任北洋政府交通总长。当时，交通部直辖的唐山工业专门学校（西南交通大学曾用名）、上海工业专门学校（上海交通大学、西安交通大学曾用名）办学教育质量较好，但是培养的交通专业技术人才依然较少。同时，其他同类交通大学在管理上各自为政，分散疏散，办学资源的浪费、教学水平的参差不齐，这些都制约着交通专业人才的培养，制约着交通的建设发展。

1920 年 12 月 14 日，叶恭绰提交呈文，倡议将唐山工业专门学校、上海工业专门学校、北京铁道管理学校、北京邮电学校等交通部所辖的四所学校改组合并为一所学校，取名为交通大学。该提议得到同意并在北洋政府国务会议通过，交通大学正式开始组建。1921 年 1 月，交通大学筹备处拟定了《交通大学大纲》。3 月 9 日，叶恭绰当选为交通大学校长。4 月 7 日，交通大学总办事处在北京成立。

根据《交通大学大纲》，交通大学组建后，唐山工业专门学校改称为交通大学唐山学校（交大唐校），上海工业专门学校改称交通大学上海学校（交大沪校），北京铁道管理学校，北京邮电学校两校合并称交通大学北京学校（交大京校）。1921 年 5 月 1 日，叶恭绰和各校主任在北京举行就职仪式。罗忠忱被聘任为交大唐校主任，茅以升被聘任为交大唐校副主任。

交通大学的设立对交通部所属高校的建设发展起到了重要的推动作用。以前管理上的各自为政格局得到扭转，办学资源不仅减少了浪费，使用率还切切实实得到了提升，教学质量参差不齐的状况也得到了改善。1921 年 9 月 10 日，改组合并后的交通大学宣告诞生，正式开学。学校在办学规格上得到了大力提升，学制定为本科四年，预科两年，本科生毕业授予学士学位，三年制专门部毕业生授予业士学位。伴随学校规格的提高，学校办学经费也得到了保障，现代化大学制度也在办学过程中逐步显现和建立。

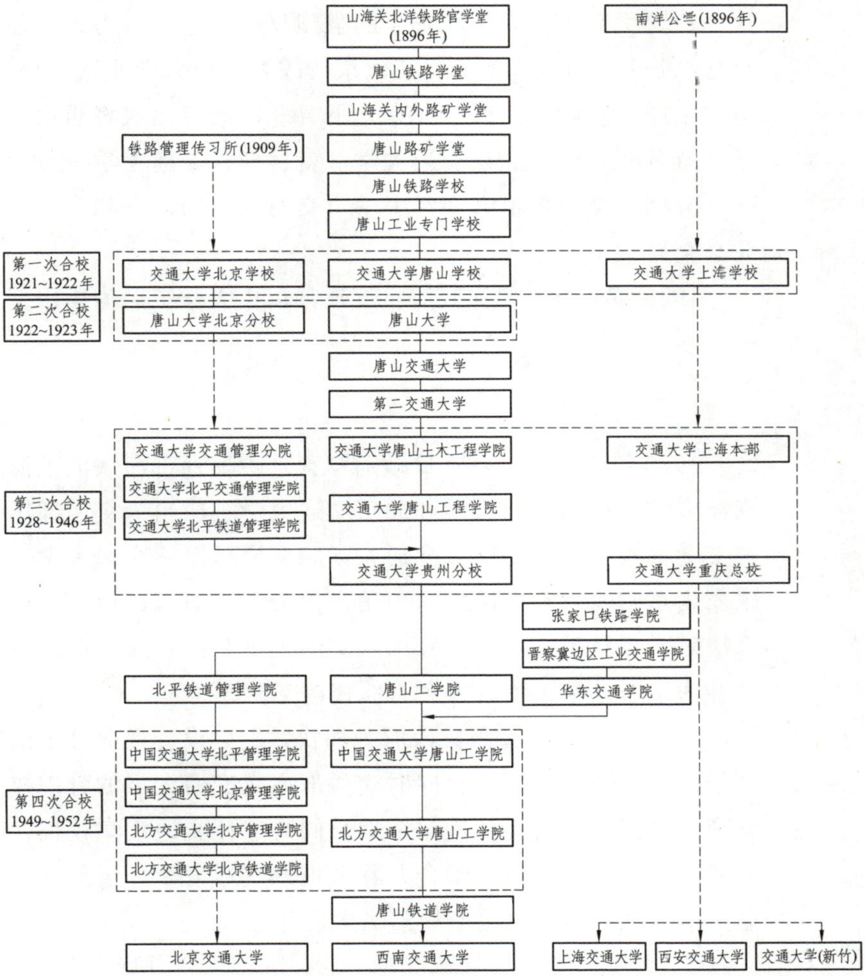

图 1-4　交通大学谱系图

（二）交通总长易人——交通大学一分为三

然好景不长，由于军阀混战、高层意见分歧，叶恭绰不再担任交通总长，交通大学在苦心经营一年后被迫解体。1922年 6 月 20 日，交通部不经论证、不征求民意、不顾交大师生和社会舆论的反对，以“交通大学组织未善”为理由将交通大学撤销，并改组为交通部上海南洋大学和交通部唐山大学两所学校，原交通大学北京学校撤销合并入交通部唐山大学。这一决定引起了交大京校师生的强烈反对。迫于压力，时任交通总长在7月6日下令将交大京校改为唐山大学北京分校，但仍未能平息师生怒火。无奈之下，北洋政府再次将唐山大学北京分校更改为北京交通大学。就这样，交通大学一分为三，分别为交通部上海南洋大学、交通部唐山大学和交通部北京交通大学。

1928年2月，北洋政府将交通部唐山大学更名为唐山交通大学。

（三）二次合并

1928年6月，北洋军阀政府覆灭。原交通部所属的上海南洋大学、唐山交通大学和北京交通大学被改组为交通部第一交通大学、交通部第二交通大学和交通部第三交通大学，隶属南京国民政府交通部。1928年9月，南京国民政府交通部决定，再将第一、第二和第三交通大学合并，又一次重组合并为交通大学，改名为交通部直辖交通大学。

1928年10月，国民政府为加快铁路建设，任命孙中山之子孙科为铁道部部长，同时交通部亦将交通大学的管理权移交铁道部。孙科担任铁道部部长同时兼任交通大学校长，并将分散三处的三所大学合并称铁道部交通大学。至此，交通大学实现了发展历史上的第二次合并。

（四）抗日救国——交通大学再分为三

抗日战争爆发以后，交通大学多次面临绝境。但无论情况多么恶劣，条件多么艰辛，交通大学的师生都是相互扶持，精诚团结，共渡难关。1933年，身处抗日前线的学校师生不得不南迁至上海。当时上海校园办学条件也很艰苦，但上海校园的师生们毅然坚持为南迁的唐山校园师生提供房屋帮助他们开展教学。同样，“卢沟桥事变”以后，北京校园的师生也不甘沦为亡国奴，纷纷南下。

1938 年 1 月，当局教育部决定将交通大学北平学院暂行更改为铁道管理系纳入交通大学唐山工程学院统一管理，同时，一些上海本部的师生也因抗战纷纷前来投靠学校。

1941 年 7 月，当局教育部再度下令将交通大学唐山工程学院更名为国立交通大学唐山工程学院、北平铁道管理联合学院。

抗日战争胜利以后，当局教育部再次下令将学校更名为国立唐山工学院，独立建制，隶属教育部。同时，原交通大学北平学院正式更名为国立北平铁道管理学院，回迁北平。

至此，交通大学再次一分为三，成为三所独立的大学。

（五）同心同源——五所交通大学挺立中华大地

1949 年中华人民共和国成立后，唐山工学院、北平铁道管理学院、华北交通学院由铁道部军管会正式接手，并合并改组为中国交通大学，随后又更名为北方交通大学，由茅以升出任校长。国立唐山工学院则更名为中国交通大学唐山工学院。

1952 年，北方交通大学改组撤销，京唐两院独立，北京部分改称北京铁道学院，唐山工学院更名为唐山铁道学院。20 世纪 60 年代，唐山铁道学院内迁至四川峨眉，并在 1972 年正式更名为西南交通大学。

1955 年，国务院决定将上海交通大学西迁至西安。1957 年，国务院在上海和西安分设交通大学上海部分和西安部分，由国务院统一领导。1959 年，经国务院批准，交通大学上海部分和西安部分各自独立建校，上海部分更名为上海交通大学，西安部分更名为西安交通大学。

1958 年，当时在台湾地区的部分交通大学校友因思念母校，感念中华民族同根同源情怀，在台湾筹办了交通大学并定名为新竹交通大学。

交大人实业救国、抗击侵略、建设祖国、振兴中华的爱国情怀，从建校之初直至今天仍然传承不息。五所交通大学同根同源，历经风雨，弦歌不辍，他们同心同向、精诚团结、互帮互助，始终将学校的发展与国家民族的命运紧密联结在一起，始终不遗余力贡献智慧和力量，为民族独立、国家富强和人民幸福而矢志不渝、奋斗不息。

八、西南交大的历史伟人机缘

西南交大办学征程饱受磨难，历经曲折，依然弦歌不辍，闪耀中华。在跨越三个世纪的办学历程中，得到了众多历史伟人的认可、关怀和指导。孙中山、毛泽东、朱德、周恩来、邓小平等历史伟人都与学校有一段可以言说的故事。

（一）孙中山的激情演说

1912年7月17日，孙中山当选中国铁道学会会长。8月，应袁世凯一再邀请赴京共商国是。孙中山先生就铁路建设问题，同袁世凯进行了详细商谈，随后视察了北京、天津、河北、山西、山东等地的铁路，还特地去京张线进行认真调查，又视察了张绥铁路工程处。9月24日，孙中山先生在黄兴、宋教仁等陪同下来到唐山，学校师生唱着自编歌曲“中山先生万岁”，到唐山车站欢迎孙中山一行。孙中山先生莅校视察时发表了奋发救国、慷慨激昂的演讲。他说：“国民革命需要两路大军。一路进行武装斗争，建设平等自由的中国；一路学习世界科学技术，改变祖国贫穷落后的面貌。在座诸君不能都投身于锋镝

图1-5　孙中山在唐山发表“革命需要武装、建设两路大军”演讲

之间，况且学习采矿、筑路、建桥，也是为了革命。”他还号召说：“要中国富强起来，就要修铁路 10 万英里，公路 100 万英里。希望大家努力向学，以身许国，承担起历史重任。”他的演说极大鼓舞和影响了全校学生，使他们更清楚地认识了自己所肩负的历史使命。茅以升在辛亥革命后原想弃学从政，听了孙中山的演说后，确定了走“科学救国”“工业救国”道路的决心，选定桥梁工程，刻苦攻读，以振兴中华。他说：“我原想弃学从政，遭母严责，听了孙中山先生关于革命需要武装，建设两路大军之演说，遂选定桥梁专业，专心攻读。”

孙中山在从事紧张的革命活动过程中，一直思考着建设中国的问题。1917 年到 1919 年，他写出《建国方略》一书，构想了中国建设的宏伟蓝图，其中提出要修建约 16 万千米的铁路，把中国沿海、内地、边疆连接起来；修建 160 万千米的公路，形成遍布全国的公路网，并进入青藏高原。而今，“铁路进青藏，公路密成网”。在中国共产党领导下和全国各族人民顽强奋斗下，孙中山当年描绘的铁路蓝图早已实现，而西南交大的师生在其中发挥了至关重要的作用。

如今，孙中山先生的铜像屹立在西南交大校园，时刻警醒着交大师生，不忘初心，牢记使命，砥砺前行。

（二）毛泽东亲笔题写校名

毛泽东不仅是一位伟大的马克思主义者、伟大的无产阶级革命家、政治家、军事家、思想家、战略家、诗人，同时也是书法大家，被公认为 20 世纪十大书法家之一，有“行草书圣”之美誉。毛泽东的书法，与学校校名有着一段深刻的渊源。

1950 年 6 月，北方交通大学正式命名后，学校广大师生员工出于对毛主席的热爱，纷纷希望毛主席能够为学校亲笔题写校名。9 月，校部应广大师生要求，向中央人民政府办公厅呈交一份报告，转达了学校师生员工的这一殷切盼望。

1951年元旦下午6时，时任校长茅以升应邀出席了中央人民政府办公厅在中南海勤政殿举行的新年团拜和宴会。茅以升和教育部部长马叙伦、中国科学院院长郭沫若、北京大学校长马寅初等被安排在第一席和毛泽东主席同桌。当周恩来总理向毛主席介绍茅以升时，毛主席幽默地说：“咱们是本家啰！”在宴会过程中，毛主席与同桌各位交谈时，对茅以升说：“啊，你是北方交通大学的校长。”茅以升点头称是，他抓住这个有利时机，在向毛主席简要地介绍了学校的情况后，向毛主席提出了题字的请求。他说：北方交通大学全体师生员工都非常渴望毛主席能为学校校名题字，这对我们学校是很大的光荣。毛主席笑着点了点头，表示许可，又谦虚地说：“写得不好。”茅以升当时向毛主席表示了衷心感谢。

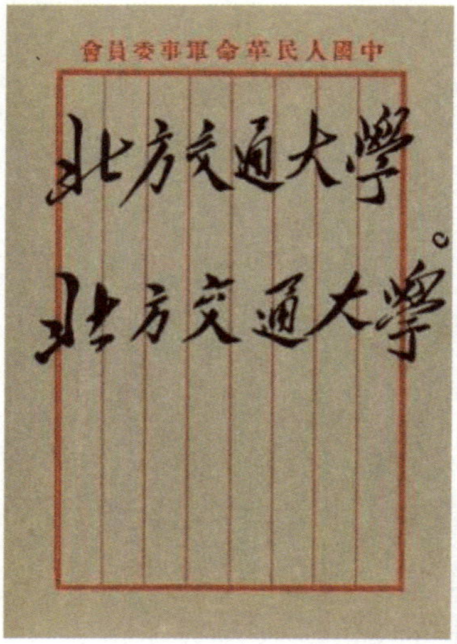

图 1-6　毛泽东亲笔题写的校名

当年1月2日和3月9日，校部就转请毛主席题字一事再次向中央人民政府办公厅呈上两份报告。当时正值全国掀起抗美援朝运动，题字一事一直没有回音。4月11日，校部向时任铁道部部长滕代远致函，请滕代远当面请求毛主席为学校题写校名。滕代远在4月20日前后利用与毛主席商谈工作之机，当面向毛主席再次转达了学校师生员工的热切希望。只隔几天，毛主席就在百忙中抽空于一张“中国人民革命军事委员会”信笺上，挥笔写下了两行“北方交通大学”校名，并在下行的右上角画了一个小圈，表示该行字写得较满意。题字下没有落款，也没有年月日标注。4月23日，铁道部办公厅通知学校校部：毛泽东主席已为北方交通大学题写校名。茅以升校长因在国外出席世界科协大会，由副校长金士宣到新华门内的中央人民政府办公厅取回了题字。题字一到学校，京、唐两地师生员工群情振奋，一片欢腾。在京的师生员工纷纷奔赴校部茅以升校长办公室，争先恐后地一睹毛主席的亲笔题字。

（三）朱德视察北京分部

朱德与西南交大的渊源要从 1925 年 7 月说起。当时，朱德从德国回国途中路过莫斯科，武胡景（又名“武怀让”，交通大学唐山学校预科生，社会主义青年团旅莫支部书记和中共旅莫支部书记）安排好朱德的住宿后，陪同朱德参观了劳动大学，瞻仰了列宁墓。因中央令朱德暂时留在苏联待命，朱德便向武胡景提出“希望借此机会进修一些军事课程”，武胡景欣然将朱德安排在劳动大学军训班学习。次年 7 月朱德奉命归国，他亲自将朱德送上火车。

1953 年，朱德在杨尚昆的陪同下视察工作时，碰到唐山铁道学院北京分部的学生，并发表重要讲话，鼓励师生精研学业，矢志报国。

（四）刘少奇、周恩来视察唐山校园

1958 年 9 月 2 日，时任中共中央副主席、全国人大常委会委员长刘少奇，时任中共中央副主席、国务院总理周恩来莅校视察。唐山校园人潮簇拥，欢声笑语，全体师生都沉浸在欢迎领袖到校的热闹气氛中。最为激动的是运输系 58-1 班工农学生韩庭会，他实在难以抑制内心的激动，走上前去紧紧握住领袖的手，但又瞬间激动得不知道说什么，最后见气氛尴尬了才非常激动地自报家门：“我是工农速中升到大学读书的学生，今年我们工农学生来唐院学习的很多。”两位领导人听后，微笑着连说：“很好，很好！”

因日程安排关系，刘少奇、周恩来莅校视察时间非常短暂。但这一短暂的会见却让学校师生难以忘怀，这次会见体现了中央领导对学校办学的重视，对师生的关心和关怀，让

三千多名师生备受鼓舞，深受感动。

（五）邓小平的高度评价

1980年7月4日中午12点40分，一辆普通小面包车缓缓地驶出了峨眉火车站。前面没有警车开道，后面没有车群跟随，面包车里坐着时任中共中央副主席、中央军委副主席邓小平及夫人卓琳等人。他们到峨眉山视察，当地陪同他们一起上山的是峨眉博物馆馆长田家乐。

汽车驶过通往报国寺路上的“天下名山”牌坊，一转弯开进了西南交大校园。田家乐向邓小平介绍：“这是1965年内迁来川的原唐山铁道学院，是1972年改名为西南交通大学的，开办快90年了。第一届毕业生就参加了詹天佑主持设计修建的中国第一条铁路干线。”

邓小平对车上的同志们说道：“这所学校出了不少人才。有个叫杨杏佛的，又名杨铨，曾经留学美国的哈佛大学，回国后，参加革命。三十年代初，与鲁迅一起担任中国民权保障同盟的执委，在上海被国民党蓝衣社的特务暗杀了。牺牲后，鲁迅特地写诗悼念他。那首《悼杨铨》的诗就是悼念他的。竺可桢也是这个学校毕业的，创立了中国的现代物候学。物候学是研究生物生命活动和气候变化关系的一种专门学问，在世界上有着深远的影响。还有一个桥梁专家茅以升，中国第一座现代化的钱塘江大桥就是他主持设计搞起来的。”①

---

① 何云庵，闫月勤. 西南交通大学史：第五卷 1972—1989[M]. 成都：西南交通大学出版社，2016.

第二章 文化标识

一、交大精神

（一）交大精神：竢实扬华，自强不息

“竢实扬华”中“竢”为等待之意，“实”为果实，“扬”则有“高举”“显扬”“传播”“称颂”等意，“华”指“中华”，同时也有“光采”“光华”等意。“竢实”两字以“等待果实成熟”寓指人才培养，“扬华”可理解为扬我中华，连在一起即寓意培养出人才，从而扬我中华，振兴中华，复兴中华。

“自强不息”出自《周易》，“象曰：天行健，君子以自强不息”，原意为宇宙不停运转，人应效法天地，永远不断地前进。对于西南交大而言，“自强不息”是一百二十余年艰苦办学历程的真实写照。西南交大是中国近代史上最早创建的三所现代高等院校之一，是中国近代土木、交通、矿冶教育的发祥之地，在办学过程中，备尝列强入侵、抗日战争、唐山大地震之苦，是中国大学中搬迁次数最多的一所大学。尽管屡经磨难，仍然坚持奋发图强、为国育才，始终坚不可摧，弦歌不辍，这亦是“自强不息”在西南交大语境下的内涵与意义。

“竢实扬华，自强不息”的交大精神有四种内涵：首先是“爱国至上、振兴中华”；其次是“严谨严格、求真务实”；再次是“爱校如家、敬业奉献”；最后是“开拓创新、艰苦奋斗”。

（二）“竢实扬华”的由来

1916 年 3 月 15 日至 4 月 14 日，北洋政府教育部在北京举办全国专门以上学校成绩展览，通知各地高等学校选送展品参加展览，全国报送选品参加展览的高等学校共计 71 所，唐山工业专门学校（西南交通大学曾用名）也在此列。

展览会闭幕之后，教育部遴选各科专家，对各校展品分别审查，评定分数。经评定，榜列前八名者为：唐山工业专门学校 94 分，浙江公立医学专门学校 93 分，北洋大学 90.8 分，北京医学专门学校 89.4 分，北京工业专门学校 88.5 分，北京大学 87.9 分，直隶公立工业专门学校 85.9 分，福建公立工业专门学校 85.8 分。

依据当年教育部专门拟定的奖励办法，90 分以上者列为特等，给予优等奖状，并由教育部颁发匾额。1916 年 12 月，时任教育总长范源濂亲自书写了“竢实扬华”匾额一方奖励唐山工业专门学校。西南交大精神中的“竢实扬华”即由此而来。

图 2-1 “竢实扬华”匾额

二、“双严”传统

“双严”传统：严谨治学，严格要求。

“双严”传统贯穿学校发展始终，这里的“贯穿”可以理解为两层含义。第一层含义是“双严”传统伴随了学校一百二十多年的办学历程，跨越三个世纪，犹如基因一般，厚植于广大西南交大师生校友的血液之中，成为不可磨灭的时代印记。第二层含义是“双严”传统贯穿学生教育培养全过程，从入学到培养，再到毕业，无不贯彻学校“严谨”“严格”的治学原则，为国家建设，尤其是为国家交通事业发展培养了一代又一代的优秀人才。

（一）招生之严——奠定基础

1896年11月20日，北洋铁路总局在上海《申报》上刊登《铁路学堂告白》（以下简称《告白》），山海关北洋铁路官学堂（西南交通大学曾用名）正式开始招收学生。《告白》中提道："本局奉准设立铁路学堂，延聘教习，专授造桥、造路工程各事。考选良家子弟，不拘何处，年在二十岁左右，读过中西书籍，文理通顺者四十名，为头二班学生，月给赡银。如有愿学者，取其家属甘结及同乡绅士保结，于十月二十日以前来局报名，听候择期考验。入堂试习三个月后，再定留堂肄业。三年学满，果能有成，即派赴工程当差，优给月薪，并禀请奏奖，以示鼓励。"①

从《告白》短短百十余字中可看出，学校创建之初，对于学生的入学资格有着极其严苛的要求。一是学校第一届学生仅招收四十名，足以见得学校办学不求"数量"，只求"质量"。二是"读过中西书籍，文理通顺者"为基本招收条件。当时的中国虽然刚刚经历了洋务运动，创办了一批洋务学堂，也有部分学堂开设了外文教习，但总体而言，外文教习并不算普遍，故"中西文理通顺者"已经算是比较高的要求了。三是选拔程序严格，入堂试习三个月后，再定留堂肄业。这里的"入堂试习"并非是走走过场，做做样子，而是要真真正正地优胜劣汰。1899年春，学校招收了第三批学生共二十名，因此批学生文化水平高低不齐，多数学生听课困难，引起风潮。学校随即将此批学生送到路局机关甄别。甄别后，其中考试合格的六名学生被送回山海关继续其学业，其余就地遣散。学堂要求之严格，可见一斑。

（二）培养之严——千锤百炼

除严格的招生标准及流程外，"严谨治学、严格要求"更

① 何云庵，鲜于浩．西南交通大学史：第一卷 1896—1920[M]．成都：西南交通大学出版社，2016.

是被当作一种原则，渗透到学校教育的各个方面，贯穿人才培养全过程。用严苛的规章制度、严格的教学管理，使学生百炼成钢。

1. 规章制度

规章制度是学校人才培养、教育教学的重要保障，说起“双严”传统在学生培养过程中的贯彻，西南交大早期的一些章程、规定不得不提。从《铁路学堂章程》到《山海关内外路矿学堂章程》，再到《唐山路矿学堂的缘起、组织和设学总纲》《交通大学大纲》《唐山铁路学校规则》等，其中对教员、讲堂、考试、请假等各方面均做了十分严格的要求。例如，《铁路学堂章程》规定：“每月由路局总工程师酌派洋工程师至学堂察课一次；每年四、九两月由总工程师至学堂小考两次；每年二月由总局禀请派熟谙西学委员会同考试一次。”学生的考试成绩与待遇挂钩。对于成绩优秀的学生，每月加给“赡银”；对于成绩不及格者，或留级，或退学，或结业时不发文凭。又如，《山海关内外路矿学堂章程》规定每学年分为四个学期，每学期考试三次，学年考试一次。一科一次考试不及格者留级，一科两次考试不及格者退学。类似种种，不胜枚举。

《唐山铁路学校规则》相关内容摘录

学生规条第七条：每日上课时间以及温习休息皆有一定规则，如值上课之时，适无功课，亦应在室温习，以免荒废，不得游行戏玩，自便出入，违者记过。

学生规条第九条：学生有犯下开之一，校长得令其退学。一性行不良，难望悛改者；二成绩过劣，难期成就者；三未经请假，接续旷课至一月以上者；四未经请假，在校擅不上课，一星期内接续计算至十二小时者。

考试规则第二条：凡所习学科每星期三小时以上者，每月考试一次，不及三小时者，两月考试一次。如有临时未能预考，除因亲丧或亲病告假或本人患病不能上堂有医生诊病证书外，其余无论何项事故，均不得补考。

考试规则第三条：学年试验于每年年终行之，评定成绩，分甲、乙、丙、丁四等。凡考列丙等以上为及格，丁为不及格，及格者毕业或升级，不及格者留级。如接续留级至两次者，命其退学。

宿舍规则第一条：宿舍内以肃静无哗、潜修学业为主，不得恣意纷扰。每日散课后，准其照章憩息，自七点钟至十点钟为温习时间，应在本室自行研究功课，不得互相往来，如有擅往别舍聚谈者，将各该生记过外，并将该舍学生一并惩戒。

2. 坚持原则，严谨治学

制度的严格除落在纸面上外，更有赖于执行制度的人坚守本心，坚持原则，这离不开一代代学校负责人、教师的身体力行和薪火相传。其中不得不提的便是西南交大“五老”——罗忠忱、顾宜孙、伍镜湖、黄寿恒、李斐英。许多同“双严”传统有关的逸事都出自“五老”的教学与生活，从一定程度上说，“五老”可以说是学校优良传统的代表和象征。

（三）毕业之严——大浪淘沙

学校的考试制度非常严格，考试的频率高、难度大，学生一旦考试成绩不及格，就或留级，或退学，或结业时不发文凭。因此，即便有幸能够进入学校学习，也并不意味着一定能够顺利毕业，不少学生随时都处在被劝退的风险之中。其中，有两件事例较为典型。一是 1900 年 3 月，第一届学生三十七人完成学习，仅有十七人获得了文凭，淘汰率过半。二是 1909 年对罢课事件的处理。1909 年初，因很多学生考试未达学校规定，校方一度准备降低标准，但遭到教师一致反对，因为这种妥协违背了《山海关内外路矿学堂章程》的有关规定，学生中因此出现罢课风潮。但在教师的坚持下，学校最后将成绩不合格的学生全部“革退”，人数高达 105 人。两件事例均充分说明了入校学习而中途被革退者不在少数，同时，也从侧面印证了学校对于既定章程的坚持。

三、校训

图 2-2　西南交大校训

“精勤”“敦笃”“果毅”“忠恕”均出自古籍经典。

精勤出自《后汉书·冯勤传》，“以图议军粮，在事精勤，遂见亲识”，意为专心勤勉。敦笃出自《左传·成公十三年》，“君子勤礼，小人尽力。勤礼莫如致敬，尽力莫如敦笃”，意为敦厚笃实。果毅出自《书·泰誓下》，“尔众士，其尚迪果毅，以登乃辟”，意为果敢坚毅。忠恕出自《论语·里仁》，“夫子之道，忠恕而已矣”，可以理解为严己宽人。

“求学”“励志”“力行”“任事”可以从两个层面去理解。第一个层面可以将其理解为四种行为，“求学”即学习，“励志”即立志，“力行”即做事，“任事”即待人。第二个层面可以将其理解为四项事业或追求，“求学”即追求真理，“励志”即探寻人生价值，“力行”意为投身实业、躬身实践，“任事”则指为人之道。

（一）校训的由来

1920 年 12 月 14 日，北洋政府国务会议通过叶恭绰成立交通大学的提案，将交通部所属北京邮电学校、北京铁路管理学校、唐山工业专门学校、上海工业专门学校合并改组为交通大学。交通大学之下，设立北京学校、唐山学校、上海学校。

1922 年，交大师生因反对交通部参事陆梦雄兼任交通大学校长，京、唐、沪三校爆发学潮。时任交通总长的高恩洪以“交通大学组织未善”，将交通大学改组成为两所独立的学校。唐山学校改成交通部唐山大学，上海学校改成交通部南洋大学。北京学校撤校，所属各科分别编入唐、沪两校，后又将北京学校改称唐山大学北京分校，并于1923年3月1日独立，称北京交通大学。

1928年，国民政府成立。是年6月8日，国民政府交通部公布《交通大学组织纲要》。根据纲要，唐山交通大学改称第二交通大学，北京交通大学改称第三交通大学，上海的南洋大学因早已在国民政府管辖区内，早已于1927年7月改称第一交通大学。

1928年11月，第一交通大学、第二交通大学、第三交通大学合并为铁道部交通大学，校长由铁道部长孙科兼任。孙科提出要“从精神上提起交大的精神”。1930年5月2日，经校部专案审查委员会通过，“精勤求学，敦笃励志，果毅力行，忠恕任事”的十六字校训公布，西南交大校训便起源于此。

（二）“精勤求学，敦笃励志，果毅力行，忠恕任事”①

1947年5月15日，在学校建校51周年、唐山复校42周年校庆之际，学校重新确定原交通大学之校训为学校校训，即“精勤求学，敦笃励志，果毅力行，忠恕任事”。

从文字构成上看，校训“精勤求学，敦笃励志，果毅力行，忠恕任事”为四言十六字，从文化内涵上看，出典有据，对仗工整，体现了中国优秀传统文化的精义，具有明显的人文主义色彩，其文化内涵是一脉相承，精神实质是别无二致的，集中反映了学校的办学理念和治学风格。

① 本部分资料来源于西南交通大学校史馆网站《校歌、校徽、交大精神的由来》. http://dag.swjtu.edu.cn//web/news/info/165636/165913.htmlx. 编者略有加工。

四、校歌

西南交通大学校歌

文轨车书郅大同

图 2-3 西南交大校歌词曲谱

校歌的词作者为吴稚晖，又名敬恒，江苏武进人，1918年来学校任国文、历史教员。

歌词中，“翳”出自《说文 · 羽部》，“翳，华盖也”，一般解释为遮蔽、隐藏。校歌歌词作成之时，学校校址位于唐山，故称隐翳唐山。“灵”“秀”二字均有出群、出众的含义，“钟”意为汇聚、聚集。“灵秀钟”的意思是指学校汇集了彼时全国的英才。“灌输文化尚交通”一句反映出了学校办学之初心以及学科性质。学校因铁路而生，旨在为国家培养优秀的轨道交通领域人才，支持国家轨道交通事业的发展，实业救国，铁路报国。

“璨兮如金在熔，璀兮如玉相攻”按其字面意思理解，是在描述冶炼金属，雕琢玉器的“璀璨”场景，但此处实际上是在用“金熔玉攻”赞扬学校严谨治学，严格要求，千锤百炼，精琢细磨培育人才的优良校风。“桃李”历来指代受教的学生，“秾”“郁”两字皆为花木茂盛之意。“被”同“披”字，“被春风”意为“如沐春风”，意思是使人在不知不觉中受到了良好的教育，整句连在一起，即比喻在学校、师长的辛勤耕耘、谆谆教诲下，广大学子健康成长，学校教育硕果累累。

“诚”“笃”“勤”“朴”四字与“竢实扬华，自强不息”的交大精神、十六字交大校训遥相呼应，意在勉励交大学子勤勉求学，做事朴素，以诚信、敦笃修身立命。“基础坚，事功崇”即告诫交大学子务必夯实基础，树立“教育救国”“实业救国”“铁路救国”的远大理想，勇担使命。

“文轨车书郅大同”，取秦始皇统一中国后书同文、车同轨的典故。末尾一句表达的是学校全体师生对于祖国统一、民族复兴的热切期盼，希望全体交大学子能够潜心求学，增长本领，同全国人民一道为建设大同社会而不懈奋斗。

（一）校歌的诞生过程

1921 年 6 月 21 日，交通大学致函北京学校、唐山学校、上海学校，函件中提到“将本大学所有校旗、校歌、校声、校徽、校训及制服等项，前经校务会议拟请三校通知各该校教职员及学生等共同研究，发表意见，径寄本处，以凭选择”。

1929 年 10 月 4 日，交通大学再次发布训令，要求各学院分别撰制校徽、校章、校歌、校训等。10 月 30 日，铁道部交通大学发布《征求校歌院歌简章》，公开征求交通大学校歌、铁道管理学院院歌、机械工程学院院歌、电机工程学院院歌、土木工程学院院歌，并制定了相应的酬赠办法：

（1）应征歌词附有自作曲谱者，一经采用，每种酬赠真金纪念章一枚，席金三十元。

（2）歌词曲谱如分二人撰作联名应征者，一经采用，每种酬赠席金三十元，真金纪念章每作者一枚。

（3）应征歌词系填用别人旧谱者，一经采用，每种酬赠真金纪念章一枚。

（4）应征作品经本校评定列在第二名至第三名者，每种酬赠纪念品物。

1930 年 1 月 10 日，交通大学第六次临时校务会议上，讨论拟定校训、校歌、校徽、校章，并组织专案审查委员会，审查院训、院歌、院徽、院章。会上，学校呈送了院徽、院章、院歌、院训及本校学生应征校歌及乐谱案。大会也决议，先将学校所拟歌谱交国立音乐院审定。1930 年 5 月 2 日，交通大学校训校歌专案审查委员会召开第二次会议，审议了“唐山北平两院院歌案”，并决议唐山校歌及乐谱送交国立音乐院审查，北平院歌另拟送核。会上，还邀请钟伟成、李谦若、胡端行三位院长为征求专家，拟制歌谱，并另发“请代为示校歌乐谱”公函确认。公函中写道：

径启者，查五月二日项目审查委员会第二次会议关于选定校歌院歌各案，经议决由台端及李院长、胡粹士三先生分任征求专家，拟制歌谱在案，兹送上歌八首，谱七首，共计六纸敬颂，送请音乐专家审查是否合用，并请代征佳作，无任盼荷，此致。

公函中送审的八首校歌中就有学校院歌歌词和署名为《交通大学唐山土木工程学院院歌》的曲谱，歌词为：

翳唐山，灵秀钟，我学院，声誉隆，灌输文化尚交通。市政学，土木习，技术贯西中，相期同造最高峰。璀兮如金在镕，瑹兮如玉相攻。桃秾李郁，广座被春风。宜诚果，宜勤朴，基础坚，事功崇，文轨车书郅大同。

这也是学校校歌现存的最早文献记录。[①]

学校校歌歌词在创作之后又有细微修改。根据资料，《交大唐院民二三级毕业纪念册》（1934 年）所载院歌显示，歌词仍与最初创作时保持一致，但《交大唐院民二四级毕业纪念册》（1935 年）所载院歌歌词中已将原有的“市政学，土木习，技术贯西中”改为了“习矿冶，土木工，窥学术，贯西中”。据此可以做出推断，学校校歌歌词在 1934—1935 年之间即进行了 1 次修改调整，而非相关研究考证资料所述“1947 年 5 月 15 日，学校举行了唐山复校暨 51 周年校庆活动，‘学校将歌词略加修改后仍将此歌定为院歌’。修改后的歌词为：翳唐山，灵秀钟，我学院，声誉隆，灌输文化尚交通。习矿冶，土木工，窥学术，贯西中，相期同造最高峰。璀兮如金在熔，灿兮如玉相攻，桃秾李郁广座被春风。宜诚果，宜勤朴，基础坚，事功崇，文轨车书郅大同”。有关校史研究者这一考证结论与实际情况明显不符。

后面，则又将校歌歌词中的“宜诚果”改为了“宜诚笃”，相关文献资料和确切修改时间待考。

2011 年，学校举行 115 周年校庆前夕，经审定通过，将 1947 年版《国立交通大学唐山工程学院院歌》曲谱稍做修改后确立为《西南交通大学校歌》传唱至今。

① 本部分资料来源于西南交通大学校史馆网站《校歌、校徽、交大精神的由来》. http://dag.swjtu.edu.cn//web/news/info/165636/165913.htmlx. 编者略有加工。

交通大学唐山工程学院院歌

图 2-4 《交大唐院民二四级毕业纪念册》(1935 年) 所载院歌

五、校徽

西南交大校徽为土木系李汶教授设计。校徽成盾牌状，校徽的左上角是地质锤；右上角是“唐山”字样和铁轨；左下角是荒地上的两棵大树；右下角为水准仪。大树与水准仪之间是“交大”字样；中间的“西南交通大学”字样是后人加上的。整个校徽体现了西南交大作为一所理工科高校的特点。

图 2-5　西南交大校徽（现用版本）

（一）校徽演变

如今被西南交大正式使用的校徽，源自交通大学唐山工程学院时期李汶教授为校友会所设计的形象标识（如图 2-6）。

图 2-6　交通大学唐山工程学院时期建筑校友会所形象标识

1934 年 12 月，叶恭绰、王伯群等 99 名海内外校友领衔发起募捐，在母校校园内修建第一座纪念性建筑校友会所，得到了遍布各地、各路以及美欧校友的热烈响应、踊跃捐款。1935 年 5 月 15 日，唐山路矿学堂复校三十周年之际，校友会所隆重奠基，10 月 5 日建成举行落成典礼。

新落成的校友会所很快成为校友们的精神家园，据一直在交大任教的李汶先生回忆，时任交通大学唐山工程学院院长孙鸿哲曾嘱咐他为校友会所设计一个标识，悬挂于正门上方。李汶最终斟酌确定了这样几个元素：学科、工具、校名、形制。

这枚“标识”形似盾牌，与美国土木工程学会（ASCE）的会徽外形大体相似，也与美国康奈尔大学的校徽外形同状。其正中是一个“T”形图案（“T”字是“唐山工程学院”英文名称的第一个字母），正中有中国风格阴刻篆文“交大”二字，表明学校属于交通大学；右上方同样有阴刻篆文“唐山”二字，其下是三道横条，代表当时的三色校旗；右下方是一个经纬仪，左上方是一个地质锤，分别代表当时学校的两大主力学科——土木和矿冶系。其时，学校土木学科涵盖铁道、桥梁构造、水利、市政道路、建筑等，为名副其实的“大土木”；左下方是两棵青松，寓意百年树人、为国育才。

这一标识一直高悬校友会所正门上方，激起校友师生强烈的共鸣，虽然历经战乱与流离，这一铜质盾牌标识却奇迹般地保存了下来，现存于西南交大校史馆。

1972 年，学校更名为西南交通大学。1986 年庆祝建校 90 周年时，学校依据此标识稍做修改，设计出学校的校徽：在“T”形图案的横道上增加印刷黑体“西南交通大学”六个字，这样既保留了原设计图形及其含义，又明确了西南交通大学与唐山交大的一体性和继承性（如图 2-7）。

图 2-7　西南交大校徽（1986 年版）

1996 年交大百年校庆时，又将“西南交通大学”印刷体改用毛泽东手书字体，将毛泽东主席于 1951 年为学校题写校名的一段光荣历史蕴含其中，并在“唐山”下加注“1896”，标明学校的创校年份。后西南交大 115 周年校庆时，此版校徽作为标准校徽开始正式启用，并沿用至今。

六、校庆日

1920 年 5 月 10 日，学校举行唐山复校 15 周年（学校建校 24 周年）纪念大会，这是学校举行的第一次校庆活动。此次校庆，筹委会原拟以 1905 年决定在唐山恢复建校的 5 月 7 日为校庆日，但因这一天是国耻日，遂改以 5 月 10 日作为第一次校庆纪念日。自 1930 年以后，则习惯上以 5 月 15 日为校庆日。

七、视觉识别系统

（一）标准色

交大蓝寓意高远、理性、科技。

交大黄寓意高贵、辉煌、希望。

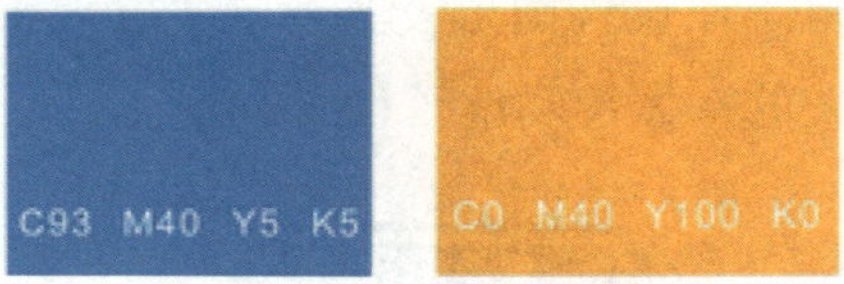

图 2-8　西南交大标准色

（二）徽章

图 2-9　西南交大徽章

（三）校牌

a. 校牌原始设计底稿

b. 校牌实际印制图（教职工为红色，学生为白色、蓝色两款）

图 2-10　西南交大校牌

（四）校旗

图 2-11　西南交大校旗

八、《钦定古今图书集成》

《钦定古今图书集成》由清朝朝廷于 1908 年颁赐，现完整珍藏于西南交大犀浦校区图书馆，为西南交大图书馆镇馆之宝。

《钦定古今图书集成》共有 1 亿 6 000 万字，全书正文 10 000 卷，考证 24 卷，5044 册，是我国古代流传下来最大的一部类书。全书分为历象编、方舆编、明伦编、博物编、理学编、经济编六编，内容涵盖古代天文历法、山川地理、治国典章、思想文化等，可以说是一部关于古代知识的百科全书。

《钦定古今图书集成》于康熙年间开始编撰，最终在雍正年间由蒋廷锡编撰完成，编成后以铜活字印刷。后光绪年间，光绪皇帝为承继先祖功绩，将雍正铜活字版《古今图书集成》用西方传来的石印技术加以影印，1894 年印成 101 部。这 101 部《钦定古今图书集成》，其中一部作为慈禧太后六十大寿寿礼，其余 100 部有的赏赐给了张之洞一类大臣，有的赠送给了美国、日本等友邦，有的由各地省政府出资购买，有的颁赐予学校。1908 年，清廷应唐山路矿学堂（西南交通大学曾用名）之请，颁赐一部给学堂。据考证，清朝末期，得朝廷颁赐《古今图书集成》的学校约有十余所，目前只有西南交大所藏为全帙。[①]

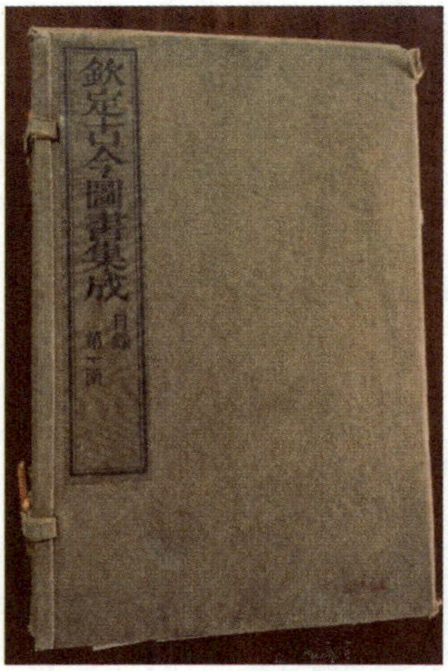

图 2-12 《钦定古今图书集成》图集

① 来源于西南交通大学图书馆资料。

第三章 红色基因

一、西南交大与五四运动

1919 年，巴黎和会在帝国主义列强操纵下，不但拒绝中国的要求，而且在《对德和约》上，明文规定把德国在山东的特权，全部转让给日本，北洋政府竟准备在《对德和约》上签字。消息传到中国后，学生群情激愤，5 月 4 日在天安门前举行集会和游行示威，引发了伟大的五四运动。

图 3-1　五四运动中的集会人群

5 月 6 日，消息传到唐山工业专门学校（西南交通大学曾用名），学校的部分学生聚集在图书馆门前，纷纷议论五四运动的消息，最后学生们决定组织起来，派代表前往北京、天津，并于 5 月 7 日成立学生救国团，由陆廷俊任团长，推举葛天回等 3 名同学起草《开会宣言书》和《大会通电》，并派人制作宣传品，为下一步行动做准备。此后，在唐山工业专门学校学生的联络推动下，唐山学生救国团很快成立，组织青年参与爱国救亡运动，成为唐山爱国救亡运动的一支青年力量。

5 月 12 日，学生召开大会，选举成立了学生会，推举李中襄为会长，吕季方、陆廷俊、何允武为副会长，这也是学校第一次成立学生会。大会决定派李中襄、吕季方、刘金声、吴国柄赴北京、天津参加学生会议，并通电全国，要求：参加巴黎和会的中国代表立即退出和会；与日本交涉，释放被拘捕的中国留日学生；政府惩办卖国贼。

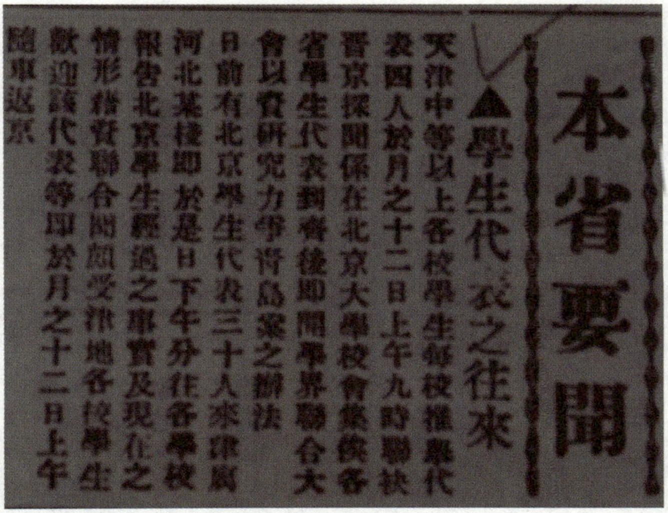
本省要聞

▲學生代表之往來

天津中等以上各校學生每校推舉代表四人於月之十二日上午九時聯袂晉京探聞係在北京大學校會集各省學生代表到齊後即開學界聯合大會以資研究力爭青島案之辦法

日前有北京學生代表三十人來津寓河北某棧即於是日下午分往各學校報告北京學生經過之事實及現在之情形藉資聯合聞頗受津地各校學生歡迎該代表等即於月之十二日上午隨車返京

图 3-2 《大公报》关于学校学生代表赴天津参加学生会议的记载

学生会还编印了《救国报》，第一期石印出版，由学生轮流手写，内容涉及外交政论等各方面。随着运动的日益广泛和深入，《救国报》改用铅印，每期从 1 000 份增加到 2 000 份，一部分销售本地，一部分销售到各大都市和学校。

1919 年 5 月 18 日和 5 月 22 日，北京和天津大中学生先后举行总罢课。我校学生积极响应，于 5 月 24 日召开全体大会，决定罢课，并发表宣言，通电全国。罢课宣言言辞激昂：“乃者，我政府于外交既罔补救之法，复无坚决之表示，而凡吾学生要求之举动，又拒绝而斥禁之。大学生之为学以卫国也，国既不存，学于何有？故京、津、沪诸学校咸已罢课，专心为国，所望全国学界闻风继起。我政府或哀吾莘莘学子之牺牲，猛然觉悟，庶几挽我国家之颠危。古人云‘当仁不让’，又云‘见义勇为’，同人等内激于良心之感发，外迫于时势之要求，故本前此一致行动之宣布，决议于五月二十四日起全体罢课。其罢课期间，一则力行救国之职责，一则严守校中之秩序。耿耿寸心，为我国人共见之。”

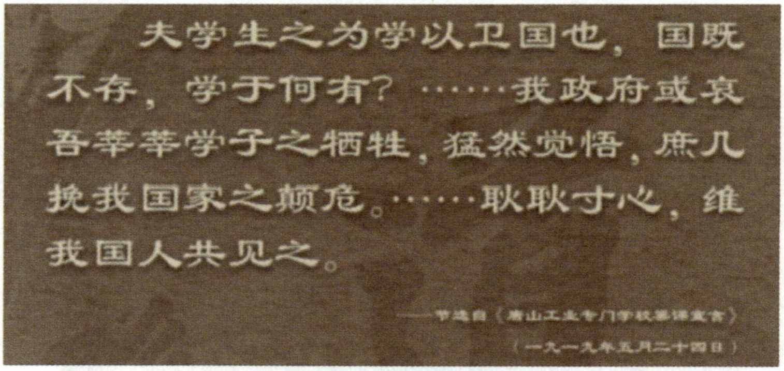

夫学生之为学以卫国也，国既不存，学于何有？……我政府或哀吾莘莘学子之牺牲，猛然觉悟，庶几挽我国家之颠危。……耿耿寸心，维我国人共见之。

——节选自《唐山工业专门学校罢课宣言》

（一九一九年五月二十四日）

图 3-3　1919 年 5 月 4 日唐山工业专门学校学生罢课宣言

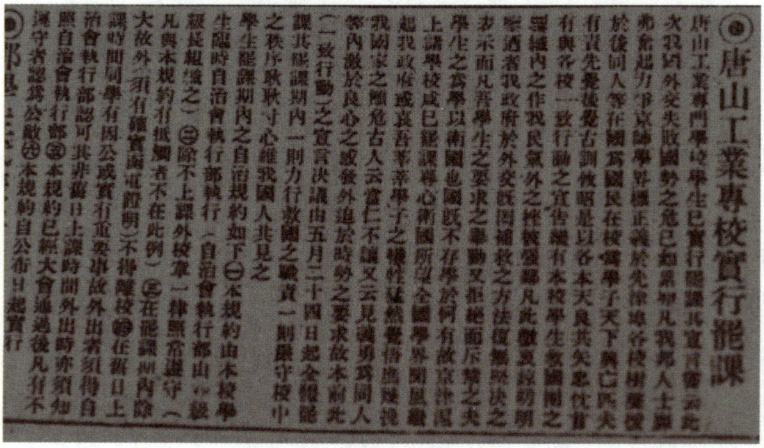

◎唐山工業專校實行罷課

唐山工業專門學校學生已實行罷課其宣言曾云此次我國外交失敗國勢之危已如累卵凡我邦人士無弗奮起力爭京師學界標正義於先津埠各校樹幟於後同人等在國為國民在校為學子天下興亡匹夫有責先覺後覺古訓攸昭是以各本天良共矢忠忱曾有與各校一致行動之宣告爰有本校學生救國團之組織內之作我民氣外之[illegible]凡此[illegible]者我政府於外交既圖補救之方法復無解決之表示而凡吾學生之要求之舉動又拒絕而斥禁之夫學生之為學以衛國也國既不存學於何有故京津諸上諸學校咸已罷課尊心衛國所望全國學界聞風繼起我政府或哀吾莘莘學子之犧牲猛然覺悟庶幾挽我國家之顛危古人云當仁不讓又云見義勇為同人等內激於良心之感發外迫於時勢之要求故本前此（一致行動）之宣言決議由五月二十四日起全體罷課其罷課期內一則力行救國之職責一則嚴守校中之秩序耿耿寸心維我國人共見之

學生罷課期內之自治規約如下㈠本規約由本校學生臨時自治會執行部執行（自治會執行部由各級級長組織之）㈡除不上課外校章一律照常遵守（凡與本規約有抵觸者不在此例）㈢在罷課期內除大故外（須有確實函電證明）不得離校㈣在舊日上課時間同學有因公或實有重要事故外出者須得自治會執行部認可其非舊日上課時間外出時亦須知照自治會執行部㈤本規約已經大會通過後凡有不遵守者認為公敵㈥本規約自公布日起實行

图 3-4　《益世报》关于唐山工业专门学校学生罢课的报道

6 月 10 日，曹汝霖、陆宗舆、章宗祥被免职消息传到唐山，群情振奋。6 月 12 日，学生救国团与工商各界人士协商，决定立即召开唐山公民大会庆祝这一胜利。

在会上发言者有学生代表、工商界代表、农民及其他公民 32 人，学校学生张佐庭等人最为激昂慷慨。他们在发言中不仅痛斥北洋当局之腐败专制、东邻日本之蛮横强暴，还恳切提出救亡策略。群众情绪十分高涨，或鼓掌，或呼口号，甚至痛哭流涕。这种爱国热情实为前所未有，演讲过程中，群众还不断涌来，与会者达三万余人，这在唐山历史上是空前的。

图 3-5　唐山公民大会照片

6 月 24 日，学校学生与唐山各界联合，在火车站旁空旷地再次召开唐山公民大会，要求北洋政府拒绝在《对德和约》上签字。

两次大会的召开，学校学生救国团起到了核心作用，并使唐山各界爱国同胞进一步组织起来。在这场伟大的“五四”爱国运动中，在这场反对帝国主义和封建主义的革命斗争中，学校的爱国学生不屈不挠，冲锋在前，影响推动了唐山、冀东的爱国运动蓬勃发展，对于反对帝国主义侵略、反对卖国投降、捍卫国家主权作出了不可磨灭的贡献，发挥了先锋和桥梁的作用。以周恩来为主编的天津《学生联合会报》给予唐山学生运动以高度评价：“积极主动，与工商各界有真正的联合。”①

二、西南交大与抗日救国运动

1928 年 5 月 3 日，日本在济南枪杀中国军民，造成“五三”惨案。事件发生后，学校学生召开追悼会，成立“济南惨案后援会”，开展募捐活动，并组织宣传队深入街道和农村宣传反帝爱国主义，开展抵制日货运动。同年 12 月，唐山反日筹备会在学校召开会议，正式成立唐山反日会，学校学生张士爱被推为主席，抗日救国运动在学校兴起。

（一）西南交大与“九一八”事变

1931 年 9 月 18 日夜，日本关东军策划炸毁沈阳柳条湖附近的“南满铁路“路轨，反栽赃中国军队，随即炮轰东北军驻地北大营。

“九一八”事变的消息传来，引起学生极大愤慨。学生会召开全体学生大会，抗议日军发动“九一八”事变，侵占东北，号召学生一致行动，共同对敌。不久，学生中成立了“满蒙问题研究会”“化学兵器研究会”和“军事研究会”，组织救国义勇军，进行军事训练，准备报效祖国。“九一八”事变

① 本部分资料来源于《西南交通大学（唐山交通大学）校史》（西南交通大学出版社 1994 年版），编者有改动。

后，学校成为最前线的一个学府，孙鸿哲[①]向校内外师友和同学表示“中国现在已处于‘置之死地而后生’的地步，我们的教育也只有跟着走，要置之死地而后生。只有在这种艰苦危险的环境中，才能培养出耐得风寒的种子。”1931 年 10 月 2 日，学校组建了学生自愿参与的“唐山工程学院救国义勇军”，并组织开展集中军训，受训学生统一着胸前有“团结奋斗、雪耻救国”字样的制服，每周训练三小时。

10 月 19 日，学校举行了隆重的阅兵典礼，学生集体宣誓：“余谨以赤血之躯，加入救国义勇军，严守军纪，服从命令，誓死救国，始终不渝！”典礼监誓、唐山工程学院院长李书田寄语义勇军：“为国效命，亲赴疆场时，必能获光明灿烂之结果。惟望诸君保持此种精神，贯彻到底，以达救国之目的。”[②]

（二）西南交大与“一二·九”运动

1933 年 5 月 31 日，南京国民党当局与日军签订丧权辱国的《塘沽协定》，协议将冀东划为非军事区，中国军队不得进驻。1935 年 7 月，南京国民党当局又屈服于日本的压力，签订了《何梅协定》，把华北的政治、军事和经济的统治权完全出卖掉。1935 年 12 月 9 日，北平学生在学生联合会的直接领导下，为反对日军入侵华北和国民党政府的卖国内战政策，冲破了国民党反动政府禁令，举行了声势浩大的抗日救国游行示威，要求停止内战，这就是闻名中外的北平学生反对“华北自治”的“一二·九”运动。

12 月下旬，北平“一二·九”运动消息传到唐山后，同学们认为不能再埋头书案不问国事了。一时间，校园里同学们三五成群，议论纷纷。此后，同学们立即召开全体大会，

---

① 孙鸿哲，1932 年 8 月至 1937 年 10 月任交通大学唐山工学院（西南交通大学曾用名）校长。

② 何云庵，汪启明. 西南交通大学史：第二卷 1920—1937[M]. 成都：西南交通大学出版社，2016.

经激烈辩论，决定立即罢课，响应“一二·九”运动。

1935 年，汉奸殷汝耕在日本势力的扶植下，成立伪“冀东防共自治政府”（以下简称伪政府）。1936 年伪政府接管学校，拟更名为“冀东大学”，全校师生群情激愤，坚决反对，举行罢课、集会抗议。但伪政府并未就此放弃，下令学校悬挂伪政府五色旗，全校师生坚决抵制。[①]

1936 年 12 月，学校学生组织中国抗日民族解放先锋队及其外围组织读书会。抗日民族解放先锋队和读书会成为中共领导的革命青年团体。曹元钧、虞龙、王家聪等利用读书会掩护革命，成为民族先锋队的积极分子。交大读书社又称“一二·九流动图书社”，他们组织同学阅读艾思奇《大众哲学》，沈志远《新经济学大纲》以及《新生》《中流》《中国农村》等进步刊物，开始学习社会主义、共产主义、辩证唯物主义及苏联知识。同时，为扩大宣传，进一步开展抗日救亡运动，学校还成立了未名剧社，学演《五喜桥》等三种独幕话剧。学校还出版了《火炬》《唐大生活》《暑期生活》等刊物，开设工人新文学学习班，以实际行动支援全国抗日救亡运动。[②]

（三）西南交大的南迁

1. 日寇来袭

1937 年 7 月 17 日，日本侵略者强占了学校的办公楼。因为事先毫无准备，学校几十年艰苦创业、惨淡经营而积累起来的仪器、设备、文书、档案等全部落入敌手。

当时，教职工的财物和学生的学习、生活用品等都被掠夺一空。坚持留在唐山的图书馆主任江秀炳等人冒着生命危

---

① 何云庵，汪启明. 西南交通大学史：第二卷 1920—1937[M]. 成都：西南交通大学出版社，2016.

② 何云庵，汪启明. 西南交通大学史：第二卷 1920—1937[M]. 成都：西南交通大学出版社，2016.

险，想尽一切办法，协调关系，保护图书馆馆藏的 37 000 多册珍贵图书。他们先将图书转至设在唐山的河北省冀东道公署，后又多方周旋，于 1939 年 12 月将学校的全部图书从唐山运往保定莲池图书馆。这一批书籍中包括珍本《禹贡锥指》，是清康熙四十四年（1705 年）的图书，还有被誉为“大清（康熙）百科全书”的《钦定古今图书集成》。

图 3-6　唐山校园图书馆旧照

2. 流亡办学

日本发动全面侵华战争，不仅对我国政治经济和社会发展造成了严重破坏，也给我国文化教育事业的发展造成巨大的干扰和冲击。为抵制日本的文化侵略和奴化教育，保存中华民族的精神火种，中国高校开始了声势浩大的搬迁之路。

从 1937 年到 1946 年，学校广大师生开始了迂回曲折、千辛万苦的南迁和北归之路，从唐山南下，经湖南、广西、贵州、四川再返回唐山，谱写了“爱国护校”的壮美史诗，浇灌了“竢实扬华，自强不息”的精神之花，书写了中国高等教育史上的精彩一页。

1937 年 12 月，在浙赣铁路局局长杜镇远、湘黔铁路局局长侯家源等校友的帮助下，学校在湘黔铁路局驻地湘潭复课，师生们克服重重困难，从各地赶到湘潭。

图 3-7　学校在湘潭的临时校舍

1938 年 1 月，国民政府教育部决定将国立交通大学北平铁道管理学院（以下简称“平院”）暂改为铁道管理系，并入学校；1938 年 4 月，平院王芳荃教授带领学生到湘潭复课。平院并入学校后，师生人数激增，学校于 1938 年 5 月迁往距湘潭数十千米的杨家滩（今涟源市杨市镇），租用当地大户刘氏家族的四座大院作为校舍。

图 3-8　杨家滩时期学校师生合影

图 3-9　杨家滩时期的学校校舍

1938 年 11 月，日军攻陷湖南北部，长沙岌岌可危。杨家滩距长沙只有 100 多千米，学校不得不再次南迁。由于迁移地点未定，学校只能宣布一个集合点——桂林，在流亡途中来确定新的复课地点。11 月底，学校师生抵达桂林；12 月初，桂林遭到敌机轰炸，学校的仪器设备、图书档案损失殆尽。

图 3-10　南迁路上的学校师生

图 3-11　桂林轰炸后的仪器残骸

为躲避敌机轰炸，师生们离开桂林，于 12 月中旬到达柳州。时任院长的茅以升让大家在柳州休整，自己外出多方奔走，最终将贵州平越（今福泉市）作为复课地点。

图 3-12　交通大学唐山工程学院在平越

3. 平越抗日

学校在平越期间，开展了广泛的抗日宣传活动，其中话剧团与歌咏社参与人数较多。

话剧团是学校中力量最强、最受群众欢迎的一个组织，参加的人数很多，由学校地下党组织和“民先”队员领导，演出的剧目有《放下你的鞭子》《日出》《雷雨》等。话剧团还组织各种形式的义演，剧目包括《血溅“九一八”》《塞上风云》等，宣传抗日救亡和进步思想。话剧团的演出很好地活跃了平越山城的文化生活，鼓舞了广大群众的抗日斗志。①

图 3-13　抗日民宣队在平越街头演讲

歌咏队有 100 多位队员，他们经常三五成群开展歌咏活动，曲目包括《抗战进行曲》《生产大合唱》《大刀进行曲》《黄河大合唱》《延安颂》《义勇军进行曲》《长城谣》等，抗日救亡的歌声响彻平越上空。②

图 3-14　抗日民宣队在平越

① 何云庵，汪启明. 西南交通大学史：第三卷 1937—1949[M]. 成都：西南交通大学出版社，2016.

② 何云庵，汪启明. 西南交通大学史：第三卷 1937—1949[M]. 成都：西南交通大学出版社，2016.

（四）交通救国、抗击日寇

抗日战争期间，学校奋战在修建抗日战争交通线上的师生、校友数量众多，为抗日战争的胜利作出了各自的贡献。

1. 茅以升与钱塘江大桥

钱塘江大桥是横跨钱塘江南北两岸、一上一下双层联合型铁路、公路两用现代化大桥，也是第一座由中国人自行设计和主持施工的大桥。大桥在中国抗日战争全面爆发后的关键时刻修成通车，又为了阻滞日军的进攻，在杭州沦陷的同一天主动炸断。它在抗日战争中发挥了特殊重要作用，是在中国现代历史和铁路桥梁建设史上具有里程碑意义的大桥。设计和主持施工钱塘江大桥的正是中国现代桥梁事业的先驱，与学校同庚、曾先后四次出任学校校长的茅以升。

图 3-15　修建钱塘江大桥的部分技术人员

在战火硝烟中修建大桥，面临沉箱、打桩、围堰、铜梁、引桥等难题。茅以升带领全体修桥队员，因地制宜，发挥聪明智慧，利用自然力来克服自然界的种种困难和障碍，解决一个个技术难题。团队成员精湛的技术使大桥修建顺利进行。

图 3-16　钱塘江大桥开工典礼

1937 年 9 月 26 日，钱塘江大桥顺利通车。当时全面抗战已经爆发，正值淞沪会战期间，大桥通车为抗战物资供应提供了重要保障。

图 3-17　钱塘江大桥合龙

据统计，在钱塘江大桥建成后的 89 天里，经大桥运送的抗战军用物资、民生物资足足可以再建 5 座钱塘江大桥，更有 10 多万难民从大桥通过。就在大桥被炸的前一天，铁路机车运行达 300 多辆次，公路客货车通过 2 000 多辆次。

图 3-18　第一列火车通过钱塘江大桥

上海沦陷后，日军逼近，形势更加危急。12 月下旬，日寇即将到达桥北。为了阻止日军的进攻，无奈之下，茅以升不得不含恨决定炸桥。1937 年 12 月 23 日，历经 2 年零 195 天夜以继日的紧张修建、耗资 540 万银圆的现代化大桥，仅通车 89 天就被迫炸断。炸毁大桥当天晚上，茅以升彻夜未眠，悲愤交加，作诗以志其痛，其中一首是这样的："战地风云今变色，炸桥挥泪断通途。五行缺火真来火，不复原桥不丈夫"①

图 3-19　抗日战争期间被炸毁的钱塘江大桥

抗日战争胜利后，1946 年春，茅以升再任钱塘江大桥桥工处处长，9 月对大桥进行修复。大桥第二年通车，茅以升实现了自己之前的诺言。由于大桥破坏严重，只能保护性使

---

① 贾志良. 流金岁月：西南交通大学百年故事集[M]. 成都：西南交通大学出版社，2016.

用，火车、汽车限速，且火车、汽车不能同时通行。

钱塘江大桥命运多舛，1949 年 5 月 3 日，解放杭州的战斗以抢夺钱塘江大桥为中心而展开。经过激战，国民党军队溃退时，将大桥第五、第十二孔爆炸破坏。浙江解放后，国民党反动派又进行轰炸，5 号桥墩重达 300 吨的套箱被炸后沉入江中。1953 年 9 月，大桥才得以修复。

钱塘江大桥的修筑、炸毁和修复的过程，正是茅以升热爱祖国、献身桥梁的光辉写照。[①]

2. 铁路巨擘杜镇远

杜镇远，1914 年毕业于唐山工业专门学校，被誉为我国铁路的伟大建设者，是继詹天佑之后的铁路巨擘，赤诚的爱国者。曾担任杭江、浙赣、滇缅和粤汉各铁路局局长兼二程师，他在短短的数十年内就主持修建了 3 600 千米长的铁路、600 千米的公路。他的创举克服了铁路建设过程中的资金短缺问题，他带领工人战胜了铁路修建过程中恶劣的自然条件，修筑的多条铁路成为中国打击日本侵略者的大动脉，出色完成了中国人民交给他的历史重任。

图 3-20　杜镇远雕像

① 本部分资料来源于西南交通大学校史馆网站《校歌、校徽、交大精神的由来》. http://dag.swjtu.edu.cn//web/news/info/165636/165913.htmlx. 编者略有加工。

1928年，杜镇远担任杭江铁路局局长兼总工程师，主持修建杭江铁路。杜镇远回忆道：“当时浙江战事趋于平静，财政紧张，修建铁路力有不逮，有人说杜镇远修建铁路不自量力必然失败。如此看法只因中国长期依赖于外资、外国技术人员修筑铁路，已经习以为常。”杜镇远怀抱“筑路报国”的志向，遂毅然赴任。

图 3-21　杭江铁路通车情景

图 3-22　杭江铁路上的机车

1937年全面抗战爆发，为发展后方交通，杜镇远兼掌湘桂铁路工程局，修筑衡阳至桂林的铁路，长360千米，限期完成。为顺利完工，杜镇远提出由湘桂两省合资经营，并由两省各征民工、各筹枕木的方案。经缜密计划，铁路在一年之内实现通车，平均每日筑成1千米，打破了铁路施工记录。

图 3-23　修筑湘桂铁路现场

图 3-24　浙赣铁路上的机车

京沪杭铁路沦陷前后，浙赣铁路承受了大量的运输任务，道路拥塞。杜镇远临危受命重回浙赣，坐镇南昌，居中调度，日夜抢运，终于完成任务。由于战事发展，南昌以西的铁路敌人势必要争夺，杜镇远奉令撤退，将自己艰难缔造的浙赣铁路爆破拆毁。1946 年，杜镇远回忆这段往事时写道："十年心血，付诸东流，其凄怆惨怛之心情，至余不忍卒述。"

1939 年，杜镇远奉命调任滇缅铁路工程局局长兼总工程师，主持修建滇缅铁路。云南境内大山纵横、江河奔涌，高山入云，深沟入谷，修筑铁路工程极其艰巨。杜镇远多方动员，历时三载深入不毛之地，洽谈合作事宜，初见端倪，但终因太平洋战事爆发，材料无法运入，虽然路基大致完成，然大桥未架，功亏一篑。[①]

---

① 本部分资料来源于《怀念杜镇远》（中国文史出版社 1993 年版）。编者略有加工。

图 3-25　滇缅铁路遗址

3.“中国交通工程三杰之一”——赵祖康

赵祖康，1922 年毕业于交通部唐山大学土木工程系。一生致力于中国公路的创建事业，为发展现代公路奠定了基础。鉴于他在公路交通方面的杰出贡献，人们将他与詹天佑、茅以升并称为“中国交通工程三杰”。

赵祖康将“致力工程，为民服务”作为终生奋斗的目标，曾写下“开边需筑路，救国仗书生”的豪迈诗句。五四运动中，赵祖康投身于热火朝天的运动之中，宣传反帝爱国思想。五四运动以后，他认为救国必须有真才实学，自勉“读书不忘救国，救国不废读书”。

图 3-26　赵祖康毕业照片

1935 年，赵祖康主持修建西兰、西汉公路。西兰公路于 1935 年全线畅通，在后来的抗日战争中，作为西北国际补给运输干线，发挥了很大的作用。西汉公路，由西安到汉中。新修工程由宝鸡到汉中，长 254 千米。该路所经之地，就是古蜀道的北栈道部分，大诗人李白曾有“蜀道之难，难于上青天”的名句，足见其艰险程度。赵祖康从选线到施工，无不亲自过问。该路自 1934 年底动工，1936 年 5 月抢通。秦岭的越岭线回旋舒展，“鸡头关”沿线雄伟壮观，加上跨越褒河的钢桥和凿穿嶂壁的连环三洞，风景幽胜，获得了专家的好评。

图 3-27　抗日战争时期的鸡头关大桥

1937 年抗日战争爆发后，赵祖康受命担任乐西公路工程处处长兼任施工总队长，全面负责乐西公路的修筑事务。在地形险恶、气候多变、人烟稀少、补给困难的复杂条件下，赵祖康率领全路职工，克服种种困难，用一年五个月的时间实现了乐西公路全线通车。[①]

图 3-28　乐西公路通车后，赵祖康题写“蓝缕开疆”

① 本部分资料来源于《竢实扬华 桃李春风（第一集）》（西南交通大学出版社 1996 年版）141-149 页。编者略有加工。

4. 人民工程师黎亮

黎亮（1901—1981），原名黎锦炯，铁路桥梁专家。1921 年，黎亮考入交通大学唐山学校土木系，毕业后在京奉铁路总局工作。1929 年，京奉铁路总局要修建滦河大桥，英国投标，比利时人要承担设计和修建，费用很高。黎亮提出由他设计，大桥标准和质量可以高于比利时的设计，造价也低得多。在他的领导下，众工人经过艰苦努力，终于建成了滦河大桥。

图 3-29　黎亮（左起第四个）

他在山海关桥梁厂任工程师时，看到京奉铁路上一列列军车载着日本侵略军，载着大炮、坦克，驶进关内，侵占我国国土，残杀我国人民，这引起了他内心的强烈震动。他原来认为科学技术与政治无关，此时他强烈地认识到科学技术掌握在谁手里，为谁服务，是与政治有密切关系的。这是他思想上的一次升华。

不久，山海关桥梁工厂的工人被日本宪兵队逮捕，黎亮挺身而出，保释这些工人。工人被放出来了，他却被逮捕入狱，并遭受严刑拷打。他认识到，日本人把一个敢于保护中国工人的人、一个正直的人当成共产党员，这证明了共产党是代表正义的。

出狱后，他带着一家八口到了北京，在北京大学二学院任教授。当时生活艰难，他把自己结婚时的戒指都送进当铺，以维持众多人口的家庭生活。为节省开支，女儿去捡煤核。他买不起布鞋，家里人自己纳鞋底做鞋。他每天备课到深夜，却交不起电费。就在这时，华北伪政权建设总署督办，他过去的同学殷同，给他送去总署技正的委任状，薪金超过教授月薪几倍，而且可以拿干薪不上班。黎亮当着殷同的面撕毁了委任状，把这个汉奸赶出了大门。

后来，黎亮与北京地下党取得联系。1945 年 9 月，他来到解放区晋察冀边区首府张家口，先后任边区工矿管理局技正、交通局工程科长，负责修复铁路交通等工作。1946 年 1 月 10 日，中国共产党代表与国民党政府代表签订“停战协定”后，由中国共产党、国民党和美国 3 方各 1 名代表组织军事调处执行部。当时从北平到张家口的康庄大桥断了，美国和国民党方面提出由他们派出技术专家用两个月时间修复，并傲慢地认为共产党方面没有人才和能力修复大桥。黎亮向晋察冀边区领导人聂荣臻等请求，由他负责设计，并用解放区的力量来修复这座大桥。在边区党政军民的共同努力下，只用了 40 天的时间，康庄大桥就修复完成。晋察冀边区政府授予黎亮“人民工程师”的光荣称号。他是解放区唯一获得此荣誉的工程技术人员。

1946 年，中国人民解放军自卫反击攻打大同市时，聂荣臻、贺龙等当面问黎亮：铁路能保证军运吗？当时大同附近的铁路早已拆毁，路基都已扒掉了。黎亮坚决保证：军队打到哪里，铁路修到哪里！后来，中国人民解放军打到大同城下，铁路也修到了大同城下，保证了军事运输任务的完成。

1947 年秋，中国人民解放军解放了石家庄，黎亮任石家庄铁路局副局长兼总工程师。石家庄是重要的铁路枢纽，平汉、石德、正太铁路都经过这里。但是，这些铁路很多路段损毁严重，修复铁路是迫切而重大的任务。在黎亮和科技人员的共同努力下，在军民的支持下，铁路修复任务很快完成。

他感慨地说：在这样的条件下，这样快地修复铁路，除了共产党领导下的解放区，任何国家都是不可能办到的。

1948年9月，国民党军队的飞机轰炸石家庄，黎亮被炸弹震昏了。醒来后，他没有问家里的情况，而是立即奔向遭受轰炸损失最大的现场，抢救伤亡人员。同年，他加入了中国共产党。他说："几十年漫漫的路，历尽坎坷才使我认识到，中国要想真正富强，没有中国共产党是不行的。我作为一个旧知识分子，真正认识到这个真理是不容易的。一旦认识了，终生不会改变，也是可以肯定的。"

黎亮历任华北人民政府交通部副部长、铁道部设计院总工程师。他主持勘测并修建兰新铁路，兼任兰新铁路勘测大队长和西北铁路干线工程局局长，还参与了成渝铁路、鹰厦铁路、集二铁路的修建工作和武汉长江大桥的设计工作。全国新建的许多条铁路都凝结了他的心血，他为修路走遍祖国大江南北，一年里家人难得团聚几次。①

5. 交大学子投笔从戎赴国难

在国立交通大学贵州分校（西南交通大学曾用名）时期，国难当头，全校师生同仇敌忾，救国不甘落后，表现出空前的爱国热情，许多青年学生纷纷投笔从戎，报名参军，奔赴前线。当时响应知识青年从军号召、应征译员或报名从军的，共有五次记载。

第一次是1943年9—12月，应征译员者有13人。当年9月29日，学校接到国民政府电，向学校征调擅长英语的学生以备战时扩充。学校接电后，组织选征，并将入选学生试卷、体格记录等寄送国民政府军事委员会外事局，入选师生志愿赴前线服务。

第二次是1944年4—5月，学校分两批选征译员74名。1944年5月，国民政府军事委员会译员训练班戴世光教授来校，向学生发表演讲说明了盟军与中国军队合作的情况，学

---

① 本部分资料来源于西南交通大学档案（校史）馆网站。

生们忠义填膺，纷纷请求志愿参加。学校也积极支持学生的报国行动，两天就完成了报名、考试等工作，公布录取应征学生 43 名。由于学生报名踊跃，学校又打电报给戴世光教授，他复核允许再应征 20 名，结果报名者多达 30 多人。学校一方面将取录 33 名学生名单公布，一方面再次发电报给戴世光教授商洽超额录取事宜，复得到同意。据记载，这批学生主要被分配在滇区美军、十四航空队、印度里多、印度美加、第五军、战地服务团充当通译员。

第三次是 1944 年 11—12 月，学校学生自动投考译员 29 名。1944 年 11 月起，受日军进攻贵州南部的影响，学校被迫再度迁校，学校许多学生在此期间自动投考昆明军事委员会译员训练班。

当兹国难方艰，寇氛甚炽，衡湘沦陷，柳桂顿危，半壁西南渐渐可危，整个金瓯岌岌不可终日。救危图存，时机口容再缓救，转祸为福。重责实诸生等在肩，幸勿稍存畏耐之心，各怀苟生之念。须知覆巢之下，必无完卵，天下兴亡匹夫有责。诸生系国家之中坚为民族之翘楚，谅不至甘贻亡国之羞，坐待灭族之惨，则台湾朝鲜之种族，安南印缅之黎庶，迄今呻吟于铁蹄之下，呼号于尊俎之间，想为诸生等所熟知。是以吾国志士决尚节操，例如苏子卿坚不降虏之志，鲁仲达决耻事秦之心，诸生等读书明理，当知所取法，况皆皇汉之子孙，更受国家之培植，尤应慷慨悲歌敌忾同仇，本男儿长虹万丈之壮志，奋发鹰扬神武之威风，效定远之投笔，步终军之请缨，本国父读书救国之旨应。

图 3-30　时任校长罗忠忱殷殷教诲同学们投笔从戎

第四次是 1944 年 11 月—1945 年，学校学生参加青年军、远征军 29 人。1944 年，罗忠忱校长接到号召知识青年从军的公函后，就布告全校，殷殷教诲同学们投笔从戎、报效国家。后经统计，学校志愿从军学生在平越报名参加者 22 人，播迁抵渝后参加者 3 人，职员及后来报名参加者 4 人，共计 29 人，分别在青年远征军 201 师等部队任职。

第五次是 1945 年 11—12 月，学校有 5 名学生参加译员训练班。1945 年 9 月，国民政府教育部部长朱家骅向国立交通大学贵州分校发来训令：案准军事委员会译员训练班函送第六、七、八各期毕业学员名册，请转饬务生原校保留学籍。其中明确指出，国立交通大学贵州分校第八期毕业学员名册有傅文斗、季士良、王宇舟、梁定伟、黄章尧。①

三、西南交大早期的党团活动

1919 年五四运动之前几个月，学校一学生常常把陈独秀主编的《新青年》杂志带到学校，放进阅览室。杂志上签注了许多鼓励性的文字，用以引起人们注意。接着，各种不同的意见签注到《新青年》杂志上，无形中成了一个提倡新文化、反对旧礼教的自由论坛。

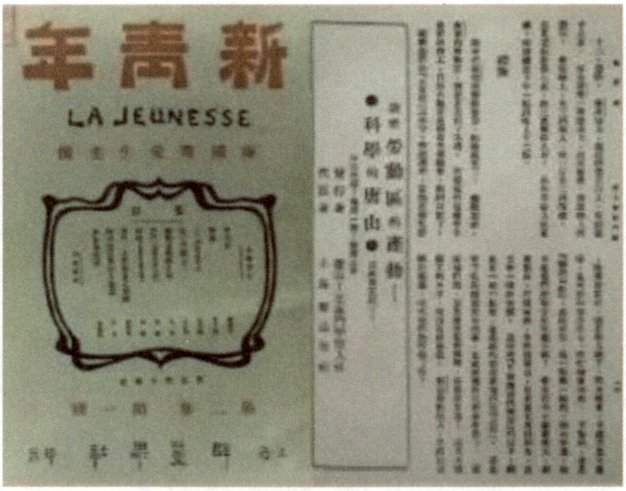

图 3-31 《新青年》宣传学校《科学的唐山》

1919 年 3 月 16 日，由学生自发创办的《新报周刊》出现在阅览室里，所有文字、图画都是手写手画的。

经过五四运动的洗礼，学校的政治空气活跃起来，涌现出一批思想进步的学生。同学不仅用功读书，而且关心国家大事，传播新思想。

① 本部分资料来源于《西南交通大学史（第三卷 1937-1949）》（西南交通大学出版社 2016 年版）第 148-155 页。编者略有加工。

1921 年，学校学生许元启、李鸿斌等先后加入李大钊等人发起组织的北京大学马克思学说研究会，学习、宣传马克思主义学说，让共产主义的曙光照进学校。

图 3-32　许元启青年照片

许元启深入工人群众中进行社会调查，于 5 月 1 日在《新青年 110》七卷六号（劳动节纪念号）发表了《唐山劳动状况》。同日，唐山“五一”劳动节纪念会在学校明诚堂举行。会上，学校学生向唐山铁路工会赠送了“劳工神圣”的匾额。

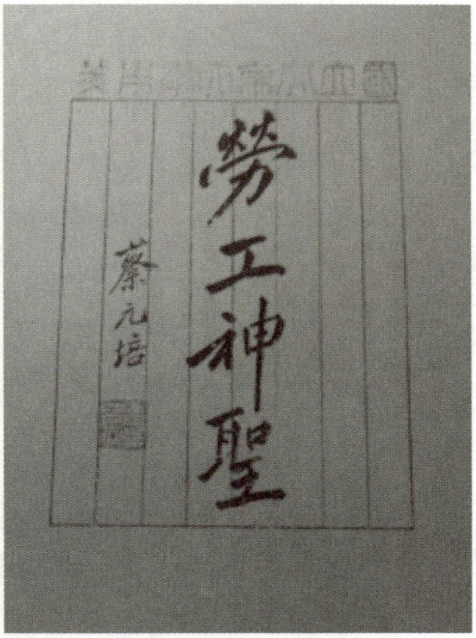

图 3-33　蔡元培题字“劳工神圣”

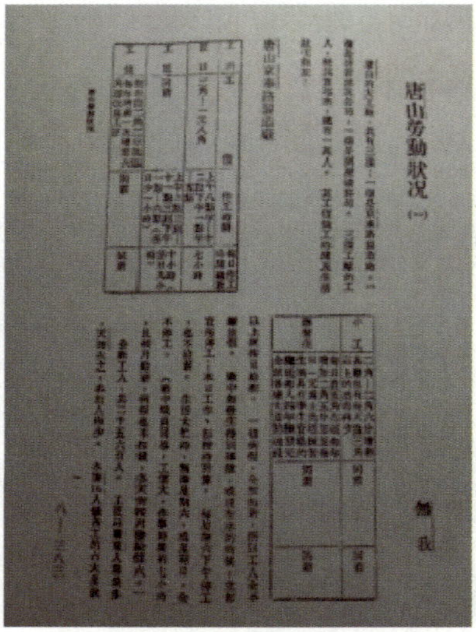

唐山勞動狀況（一）

鮮我

图 3-34 《新青年》刊登《唐山劳动状况》

1922 年 10 月 26 日，为反对残酷剥削，开滦煤矿矿工举行罢工游行，遭到英帝国主义及直系军阀的武装镇压，一人被打死，六十余人受伤，激起全国各界人士的极大愤慨。11 月 9 日，学校在沪校友在上海《国民日报》副刊上创办“唐山潮声”，刊登消息、评论等，声援罢工斗争。此后，学校学生发表许多文章，抨击英帝国主义和中国反动军阀镇压中国工人的罪行。11 月 12 日晚，学校召开全体学生大会，当即决定举行示威游行，组成“赈工会”，募集钱物支援罢工工人，将募集的大笔经费交给罢工工人。与此同时，赈工会还组成募捐队，分赴上海等地，给予危难中的罢工工人有力支持。消息一传出，立即受到中共中央宣传机关的重视。11 月 15 日，中共中央委员蔡和森发表题为《唐山学生援助罢工之模范》的文章，给予学校学生的正义行动高度评价说：“这样的消息，不但在劳动运动史上为重要，在民族运动史上尤为重要，而且是中国知识阶级到了真正觉悟的路上之明证。全国压在国际帝国主义下的知识阶级和学生们，都要学唐山路矿大学学生的模范呵！”

支援开滦罢工后，时任校长俞文鼎以学生会干部陈嘉宾等5名学生代表上课时间于校外募捐为由，勒令5人退学，即日离校。此举激化了青年学生群体和与俞文鼎利益相关的北洋军阀政府之间的矛盾。随后，学生会学生代表携全体同学发表《驱俞宣言》。在北京大学、唐山大学分校、交通部南洋大学学生会的支援下，经过一系列波折与斗争，同年1月16日，交通部公布第七十九号令，免去了俞文鼎唐山交通大学校长职务。

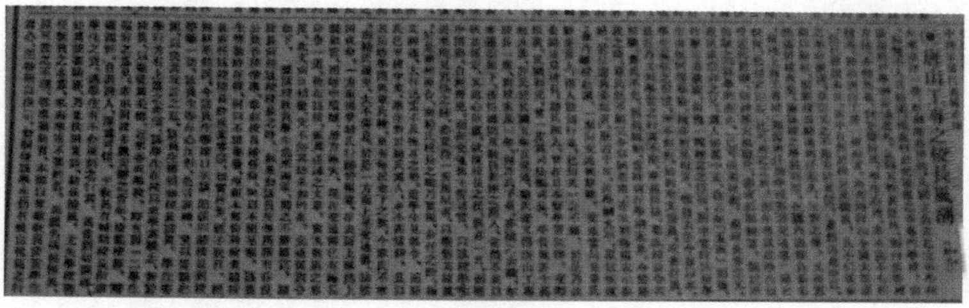

图 3-35 《益世报》刊登学校学生驱逐校长俞文鼎一事

1922年4月，学校学生田玉珍经北京同学王仲一介绍加入中国共产党，成为学校最早的一名共产党员。从此以后，田玉珍在学校建立了一个党的联络点，负责上级组织与唐山党团组织的书刊、信件传递工作。

从1923年起，田玉珍在唐山发展团员，并于当年冬天建立社会主义青年团交大支部，同时还组织了一个读书会，有组员十几人。读书会由团员负责，筹措款项订购进步书报杂志。团员们利用课外活动时间与阅读过进步书刊的同学交谈，发现有进步倾向的就发展入团。与此同时，团支部还利用学生会办的壁报，刊登反帝反封建，提倡新思想、新文化的文章进行宣传，通过各种进步活动发展团员。

图 3-36 学校第一位共产党员田玉珍

表 3-1　平越时期“民先”队员名单

编号	姓名	性别	编号	姓名	性别	编号	姓名	性别
1	阎宗泌	男	20	叶佩兰	女	39	宜俊亨	男
2	虞龙	男	21	张承静	女	40	王家林	男
3	王小鲁	男	22	晏源理	女	41	林大庆	男
4	王唐生	男	23	李梅英	女	42	万蓉先	女
5	郭浩然	男	24	吴安钦	女	43	晏源定	女
6	张钺	男	25	刘松涛	男	44	余南庸	男
7	李德滋	男	26	王芳玉	女	45	胡家珏	女
8	龚铨衡	男	27	孙邦秀	女	46	李绍伟	男
9	李先芬	女	28	刘询岳	男	47	姚垂远	男
10	裘锡侯	男	29	章守华	男	48	孙孝灿	男
11	曹元钧	男	30	栾荫棠	男	49	黎先荫	男
12	王善元	男	31	顾漱芳	男	50	池际咸	男
13	武可久	男	32	陈敬昭	男	51	高世钧	男
14	刘世鹤	男	33	丁兴礼	男	52	张锡宽	男
15	吴公伟	男	34	王景芳	男	53	张正镶	男
16	宋瀚谱	男	35	潘德刚	男	54	刘玉清	男
17	段清涛	男	36	岳翼民	男	55	李范初	男
18	李宝汉	男	37	高步青	男	56	黄家骐	男
19	徐大德	男	38	陈远椿				

交大团支部建立后，团组织发展很快，至 1924 年 2 月，已有团员 22 人。同时还发展了 40 多名国民党员为团员。田玉珍回忆说：“有一次在欧阳胡同召开交大与南厂两方面团员联系会议，中共唐山地委说交大团员占多数，以后团的重心应该在交大，由交大方面的同志主持团的工作。”

交大很多学生会骨干被发展为团员，他们入团后，唐山的党团组织就掌握了学生会的领导权，从而使唐山党组织得以利用交大学生会这一公开合法组织，联系唐山各界群众，开展革命活动。

1937 年 7 月，中共唐山地下党支部的党员增加至 13 人。而此时，校内中华民族解放先锋队的学生队员增至 50 人。在当时全校二三百人的规模中，中共党员与民先队已占了不小的比例。因此，中国共产党的主张在学生组织中能顺利贯彻。

表 3-2　平越时期中共唐山交大地下党党员名单

姓名	性别	在校时间	党内职务	任职时间	备注
武可久	男	1938 年 6 月—1939 年 7 月	党支部书记	1938 年 9 月—1938 年 11 月	退休后为铁道部顾问
张钺	男	1938 年 9 月—1938 年 10 月	党支部书记	1938 年 12 月—1939 年 10 月	曾任包钢总工程师
曹元钧	男	1939 年 2 月—1940 年 3 月	党支部书记	1939 年 10 月—1940 年 2 月	曾任“民先”队长，后与党失去关系居美国
徐大德	男	1939 年 2 月—1940 年 9 月	党支部书记	1940 年 3 月—1940 年 9 月	曾在广州暨南大学任教授
李宝汉	男	1939 年 2 月—1940 年 9 月	党支部委员	1939 年 10 月—1940 年 9 月	曾任“民先”队长后与党失去关系
万蓉先	女	1939 年 2 月—1940 年 9 月	党支部委员	1939 年 10 月—1940 年 9 月	曾任“女同学会”会长，后与党失去关系
董杰	男	1938 年 8 月—1939 年 10 月			曾任科学院兰州分院党委书记兼院长
岳翼民	男	1939 年 2 月—1939 年 10 月			后与党失去关系，居（中国）台湾
章守华	男	1938 年 8—1939 年 7 月			曾任‘歌咏队”队长，后与党失去关系
刘询岳	男	1938 年 8 月—1940 年 10 月			曾任北京钢铁学院教授，后改名刘志诚，退休后任上海市顾问
王芳玉	女	1938 年 8 月—1939 年 7 月			后改名王方，曾任交通部人事处处长，离休
李梅英	女	1939 年 2 月—1940 年 9 月			曾任“女同学会”会长，后与党失去关系
郭承珠	女	1939 年 7 月—1941 年 7 月			与党失去关系，后重新入党

唐山党团组织不断在学校发展成员，壮大组织，执行中国共产党在各个历史时期的路线和方针，领导学生进行反帝反封建，争取民主的斗争，为中国革命培养了许多优秀的干部。[①]

① 本部分资料来源于《西南交通大学（唐山交通大学）校史》（西南交通大学出版社 1996 年版）第 63-70 页、第 114-120 页。编者略有加工。

四、烈士英魂，永垂不朽

（一）披肝沥胆的武怀让

图 3-37　武怀让

武怀让，又名武胡景，1921 年考入交通大学唐山学校预科，1922 年考入交通部唐山大学本科。学生时代，他就积极接受进步思想，多次开展反帝反封建的学生运动，披肝沥胆、出生入死地为党工作。

1924 年 7 月，党根据形势发展的需要，决定派遣武怀让带领交通部唐山大学同学曾涌泉等 13 人到莫斯科东方劳动大学学习，寻求革命真理，并与刘伯坚等人负责中共旅莫党团支部工作。武怀让在任中共旅莫党团支部书记期间，夜以继日为党工作。为了宣传革命，他和曾涌泉等人创办《前进报》，任社长兼主笔，他所撰写的文章，笔锋犀利，文采激扬，催人奋进。1926 年，他担任了中共驻共产国际代表。

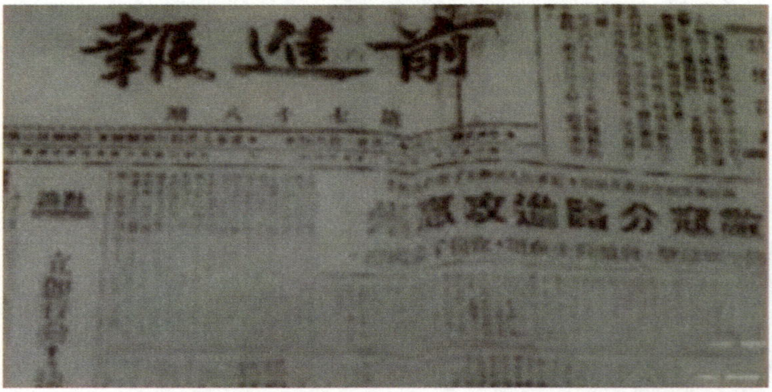
前進報

图 3-38　武怀让和曾涌泉等人创办《前进报》

1928 年 6 月，中共六大在莫斯科召开。会议安排武怀让回山东工作，瞿秋白接任武怀让的中共驻共产国际代表。武怀让为了回国工作，毅然将亲生骨肉放在孤儿院，携妻侯玉兰回国，直奔白区开展工作。

1931年年底，中共满洲省委书记罗登贤持伍豪、陈云写给武怀让的信，来到哈尔滨传达了中央的任命通知。武怀让于1932年1月中旬，带着不满1岁的女儿，在杨靖宇、赵尚志的护送下，告别哈尔滨，赴上海任中央军委书记之职。

1935年春，遵义会议后，陈云同志到上海传达中央指示，命武怀让赴莫斯科报告遵义会议精神，并出席共产国际第七次代表大会。

1936年8月，苏联掀起“揭发和铲除敌人”运动。在苏的中共党员经常有人失踪，有的被流放，有的被劳改，有的被捕或处死。面对险恶的环境，武怀让的妻子侯玉兰终日坐卧不安，说要和丈夫一起回国。武怀让说：“党中央派我来苏联就是监督王明在共产国际的活动，以防他再次掌握中共大权。他在这儿一天，我就一天不能回国，这是党中央给我的重任。我们为了革命的胜利殉难于国外又有何妨？”同月，武怀让失踪。

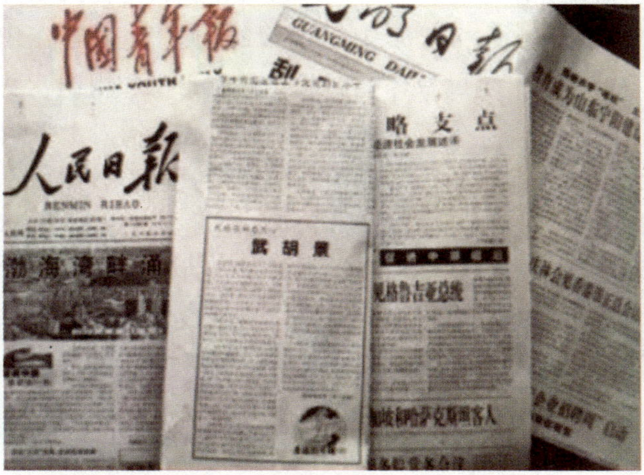

图 3-39 《人民日报》刊登《天地能知忠烈心——武胡景》

武怀让失踪后，1957年被确认“于1936年已经死于莫斯科”。中央认为武怀让是“好党员、好干部”，经毛泽东主席签发，中央人民政府追认武怀让同志为革命烈士。

图 3-40　武怀让同志光荣纪念证

（二）膏血换光明的杨杏佛

杨杏佛，原名杨铨，1910 年加入同盟会，1911 年与茅以升一道考入唐山路矿学堂（西南交通大学曾用名），社会活动家，中国人权运动先驱，中国管理科学先驱。武昌起义爆发，杨杏佛赴武昌参加保卫战。1912 年 1 月，孙中山任中华民国大总统，他到南京任总统秘书处收发组组长。“九一八”事变后，为反对国民党政府非法逮捕和监禁爱国人士，杨杏佛与宋庆龄、蔡元培等爱国人士于 1932 年 12 月在上海发起组织中国民权保障同盟，任总干事，组织营救了不少被关押的共产党人和爱国人士。

图 3-41　杨杏佛

杨杏佛生性耿直、刚正不阿。1925 年孙中山逝世，国民党斥资白银 80 余万两兴建中山陵，杨杏佛被推为治丧筹备处总干事，掌握极大的决定权。当工程招标时，许多建筑公司纷纷送礼贿赂，杨杏佛照单全收，却将礼品存放在陈列室中，供人参观。

图 3-42　杨杏佛（中）与鲁迅（右）在一起

1933 年年初，在“九一八”事变和“一·二八”事变之后的动荡中，杨杏佛曾赴华北呼吁全国统一抗日，蒋介石对此非常气恼，决意杀害杨杏佛。1933 年 6 月 18 日，杨杏佛乘车驶出大门时，特务们连开十几枪将杨杏佛和司机杀害。

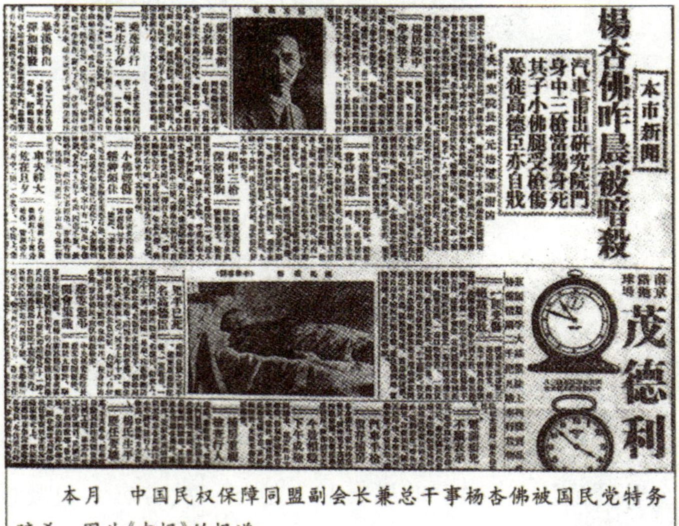
本市新聞

楊杏佛昨晨被暗殺

汽車甫出研究院門
身中三槍當場身死
其子小佛腿受槍傷
暴徒高德臣亦自戕

茂德利

本月　中国民权保障同盟副会长兼总干事杨杏佛被国民党特务暗杀。图为《申报》的报道。

图 3-43　《申报》报道杨杏佛被杀

（三）坚贞不屈的马增玉

马增玉，1926 年考入交通部唐山大学，因不满奉系军阀的反动统治，入学后不久，经邢予洪介绍到天津开展党的活动，被当地中共党组织安排在国民党天津市党部从事国民运动，由于他积极负责，有能力有见解，中共天津地委分配他在国民党天津市党部任组织部部长。由于叛徒告密，国民党天津市党部的地址暴露。天津市英租界当局为了报复北伐战争时中国人收回汉口、九江英租界一事，逮捕了马增玉等 15 人，后很快引渡给当时由奉系军阀统治的天津警察厅。马增玉在狱中坚贞不屈，表现了共产党人的英雄气概。1927 年 4 月 18 日，马增玉被奉系军阀杀害，年仅 21 岁。①

图 3-44　马增玉等 15 位烈士临刑前照片

（四）青史留名的李特

图 3-45　中国工农红军高级将领李特

李特，原名徐克勋，1921 年考入交通大学唐山学校预科班，1924 年入东方大学学习，1925 年加入中国共产党。

李特入学后专心读书，平时沉默寡言，不事其他活动。但是，当唐山掀起路矿大罢工的风暴时，他却一反常态，积极投入声援活动，并加入了中国社会主义青年团。在这次斗争中，李特不仅表现出了敢于斗争的精神，而且很有组织能力，因而引起学校党组织的注意。1924 年，党组织决定

① 本部分资料来源于西南交通大学档案（校史）馆网站。

从交通部唐山大学选派斗争中的积极分子前往苏联学习。李特乔装打扮，肩负党的使命，依依惜别培育他三年的学府，踏上新的征程。李特个子矮小，在苏联留学期间，被大家以英语戏称为“Little”。从此，他就以英语译音改名李特。

1927 年李特转入列宁格勒托尔马乔夫军事政治学院学习；1930 年回国后被派往鄂豫皖苏区，任中国工农红军第 25 军副军长，1932 年 10 月随红四方面军主力向西转移；1933 年 7 月后任红 31 军参谋长、红四方面军副参谋长、参谋长；1936 年 11 月任西路军参谋长、军政委员会委员，率部转战河西走廊；失败后率部打游击，后到新疆；1938 年年初在迪化（今乌鲁木齐）被错杀，年仅 36 岁。

1996 年被追认为革命烈士。

（五）献身民主事业的杨潮

杨潮，湖南省沔阳县人，原名杨廉政，后改名为杨潮，羊枣是他的笔名。在 20 世纪三四十年代，杨潮是与邹韬奋、范长江、金仲华等齐名的文化工作者。

1945 年 7 月，抗日战争胜利前夕，他因与新四军浙东游击队秘密联系，被国民党第三战区司令长官顾祝同察觉，遭到国民党福建省政府逮捕。他先后被转移至江西铅山与浙江杭州监狱。他被关在一间密不透风的小囚室里，每天的生活都如同“兽样的一日”，备受酷刑与折磨。但他坚贞不屈，保持了革命者的气节。

1945 年 10 月 10 日，国共双方签订了“双十协定”，国民党当局承诺取消特务机关，释放政治犯。人们满怀希望，期待杨潮出狱。但 1946 年 1 月 11 日，杨潮被国民党特务秘密处死，年仅 46 岁。噩耗传出，震惊中外。①

① 本节资料来源于西南交通大学档案（校史）馆网站，编者略有加工。

新华日报 中华民国三十五年一月二十七日

羊枣之死

图 3-46 《新华日报》刊登悼念羊枣文章

（六）红军英烈冯亮功

冯亮功，1923 年考入交通部唐山大学（西南交通大学曾用名）土木工程专业，在校加入中国共产党，任支部书记。

1922 年，毛泽东、刘少奇、李立三发动了安源煤矿工人大罢工。在北方，邓中夏、邓培、罗章龙等发动了唐山开滦煤矿工人大罢工。交通部唐山大学党支部就是这场运动的一个重要据点。1924 年，冯亮功留校负责支部工作。

1927 年白色恐怖中北方党组织被破坏,大批党员被杀害。冯亮功利用毕业分配到南京交通部任职之机，秘密安排了五名党员到交通部，恢复党的组织。同年 10 月，冯亮功在西安最后拜过岳父李问渠后，告别了年轻的妻子李安祥和不满周岁的儿子冯雨荪，毅然南下上海。途经北京大北照相馆时，留下了最后一张照片，然后赴江西，到中国工农红军任职，投入武装斗争。

图 3-47　青年冯亮功

1930 年，冯亮功在第五次反围剿中牺牲于宁都。[①]

① 本节资料来源于西南交通大学档案（校史）馆网站，编者略有加工。

（七）钟情水利的刘文华

刘文华，1929 年考入交通大学唐山工程学院（西南交通大学曾用名）土木工程系，1932 年赴德国柏林科技大学攻读水利工程。

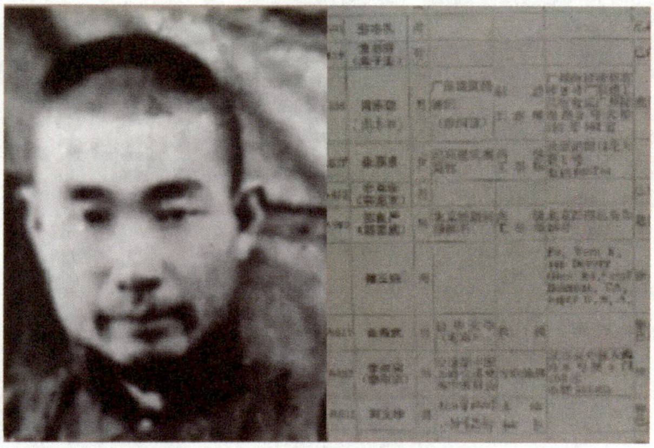

图 3-48　刘文华及其在校登记表

“卢沟桥事变”发生后，中华民族到了最危急的时候，刘文华决定回国，投笔从戎，和全国人民一起，用自己的血肉筑成捍卫祖国新的长城。1938 年 1 月，他随同杨虎城将军回到了日夜思念的祖国。在西安，经过八路军办事处介绍，刘文华辗转来到晋东南抗日前线，成为一名光荣的八路军战士，不久被分配到太行山上的八路军总司令部秘书处，担任八路军总司令朱德的秘书。后来，刘文华又被调任八路军副总司令彭德怀的秘书。这两位总司令对海外归来的刘文华都很器重、赏识，刘文华也从两位总司令那里学习到怎样做一个真正的共产党员和八路军战士。

一次行军路上，斑疹伤寒初愈就随军出征作战的刘文华突发盲肠炎，又迅速转为腹膜炎。由于处在战争环境，又在偏僻的敌后农村，缺医少药，得不到及时有效的医治，刘文华约在 1942 年 6、7 月间，身殉太行。

图 3-49 刘文华（中）与彭德怀在一起

（八）矢志不渝为革命的周志初

周志初，祖籍广东梅县，自幼随父侨居南洋，父亲是南洋华侨中极富影响的大资本家。周志初早年回国读书，1924年考入唐山大学（西南交通大学曾用名），后转入上海南洋大学电机工程系学习。1925年，周志初加入中国共产党，积极投入革命运动；同年11月在校内发起成立“唐山大学同学会”；次年当选为南洋大学学生会正委员。1926年7月，迫于政府压力，南洋大学开除了周志初等52名进步学生。周志初离校后任上海市总工会秘书。1928年2月，周志初因叛徒出卖而被捕判刑，关押在上海龙华司令部。1930年，周志初经父亲保释提前释放，但随即又投入革命工作，担任中共闸北区委书记。1931年，周再次被捕，不久病逝于狱中。中华人民共和国成立后，周志初被追认为革命烈士。

（九）英年早逝的革命者曹炎

曹炎，1942年9月考入国立交通大学贵州分校矿冶系，1944年转入重庆交通大学电机系，1946年随校复员至上海。

在上海期间，曹炎积极参加进步学生运动，发起组织学生团体“知行社”，并任社长。1947年5月13日，三千同学进京请愿，曹炎为保障请愿学生的食品供应而尽心竭力，同学们亲切地送他雅号“一团火”。1947 年 6 月，曹炎因被反动当局通缉而被迫转移，离校回乡后，任达孝中学等学校教员，并广泛开展革命思想宣传；1949 年 5 月，率部分进步学生加入华南人民解放军祁邵衡地区游击纵队，任政治部主任。1949 年 6 月 3 日，祁邵衡游击纵队在邵东零陵黄陂桥遭到国民党华中“剿总”长官公署警卫团偷袭，曹炎在保卫战中壮烈牺牲，时年 28 岁。

图 3-50　曹炎烈士

1983 年，曹炎被追认为革命烈士。

（十）“两弹一星元勋”姚桐斌

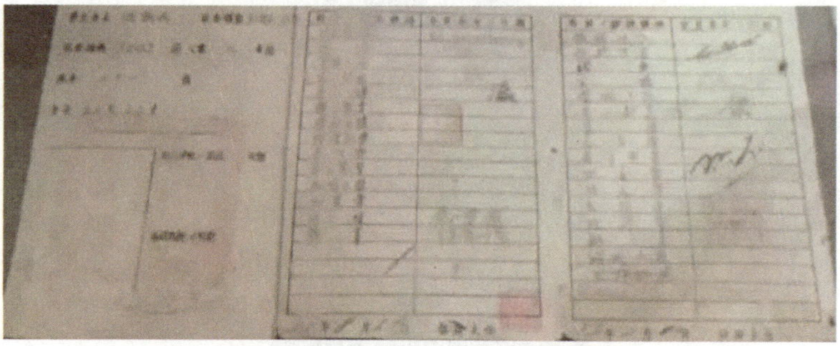

图 3-51　姚桐斌在国立交通大学贵州分校的成绩单

图 3-52　姚桐斌在英国伦敦庆祝中国国庆节会上

1945年姚桐斌毕业于国立交通大学贵州分校；1947年赴英国伯明翰大学工业冶金系留学；1951年获博士学位；1954年赴联邦德国亚亨工业大学冶金系铸造研究室任研究员兼教授助理。

1956年9月，姚桐斌在瑞士的伯尔尼中国驻瑞士使馆加入了中国共产党。1957年回国后，姚桐斌历任国防部第五研究院一分院材料研究室研究员、主任，材料研究所所长。

姚桐斌为我国航天事业的发展做出了卓越的贡献，被授予“两弹一星元勋”奖章，是国务院、中央军委表彰的23位两弹一星功臣之一、3位两弹一星烈士之一。[①]

图3-53 姚桐斌1957年回国前在德国留影

（十一）文武兼修的钟森荣

钟森荣，1918年入读交通部唐山工业专门学校（西南交通大学曾用名）预科；毕业后于1921年9月考入交通大学上海学校（上海交通大学、西安交通大学曾用名），攻读电机科电信门专业；曾任《南洋周刊》总编辑。

① 本节资料来源于《流金岁月：西南交通大学百年故事集》（西南交通大学出版社2006年版）第124-132页。编者略有加工。

图 3-54　钟森荣与交大电机工程专业同学合影

他在任《南洋周刊》总编辑期间,《南洋周刊》宣传了中国共产党的统战政策，转载了许多介绍马克思主义的文章，成为反帝反封建的民主讲坛。1924 年 12 月 27 日，作为南洋大学代表的钟森荣被选为上海学联执行委员会主任，同时当选全国学生总会委员。1925 年 2 月，上海工人因日商虐待童工举行大罢工，南洋大学首先成立罢工后援会，由钟森荣负责。后钟森荣后因参与工人运动被校方勒令退学；1927 年参加广州武装起义，失败后返回湖南，参加湘南起义；1928 年 4 月随朱德上井冈山，任红四军军需处处长，11 月任湘南特委书记，年底牺牲。

（十二）长江漂流第一人尧茂书

尧茂书是西南交通大学电教室摄影员。通过阅读书籍，尧茂书了解到日本探险家植村植已首次完成亚马孙河的木筏单人全程漂流，创造了纪录。于是他萌生了去长江源拍摄风光的想法，计划顺江漂流，并打破了植村植已的漂流纪录，成为长江漂流第一人！

图 3-55　尧茂书

尧茂书在给时任青海省省长黄静波的信中写道:“虽然我们已把国旗首先插

到源头，并成功地漂流了第一阶段，但还不能说完全的胜利，因为下流（游）的任务更艰巨，水流更激……如果在通天河或金沙江里，我和船失事身亡了，我恳请你，敬爱的省长，你一定要尽快地组织我们中国人的第二支长江激流探险队继续下漂，驾驶‘龙的传人号’一直漂流到长江出海口，这件事一定要抢在外国长江探险队的前面，只有这样，将来我们的子孙翻开长江的历史才不会为先辈的失策而追悔莫及！”

1985 年 7 月 24 日，尧茂书在漂行了 1 270 千米后，于金沙江段触礁遇难。

1986 年 12 月 21 日，尧茂书被民政部批准为烈士。[①]

五、红色基因永续传承

（一）浴火重生

1949 年 7 月 18 日，中华人民共和国成立前夕，中国共产党唐山工学院支部委员会正式成立。当时全院共有 29 名党员（正式党员 12 人），由于保密要求，直至 1950 年 4 月 26 日根据唐山市委的部署，才向全院师生员工公开了中共唐山工学院党组织，这是中国共产党对学院行使领导权的一个标志性事件。从此，学校办学性质发生了根本性转变，学校在中国共产党的领导下，进入中华人民共和国高等教育发展的历史新轨道。

（二）入朝参战

1950 年朝鲜战争爆发。在抗美援朝战争中，学校作为全国唯一一所奉命参战的高校，三次派出了抗美援朝工程队直接参加战争，也推动了学校的革命爱国主义教育。

第一次入朝时间是 1951 年 3—12 月，共批准 60 名土木四年级学生、10 名教职员工参加，参与修建了顺川和介川两

① 本部分资料来源于西南交通大学档案馆。编者略有加工。

个机场。顾稀代院长向全体同学传达滕代远部长关于组织抗美援朝工程队的报告后，同学们情绪高昂，发言踊跃，纷纷热烈响应号召，接受这一光荣任务。在广泛报名的基础上，学校最后组成 70 人的工程队赴朝参战。

图 3-56　入朝作战的北方交通大学工程队队员听报告
（来源：《当祖国召唤的时候——交大（唐院）抗美援朝工程队纪实》）

图 3-57　第一批入朝的学校师生
（来源：《当祖国召唤的时候——交大（唐院）抗美援朝工程队纪实》）

工程队出发当天，建筑系归国华侨女同学陶德捐出自己心爱的皮大衣，裁剪成几十副手套送给老大哥们。还有同学捐献戒指、手表、自行车，为工程队送行。在全校的热烈欢送下，工程队全体队员登上火车，踏上征途，当时唐山车站人山人海，群情沸腾，不少同志热泪盈眶，爱国热情空前高昂。

修建顺川机场时，为防空袭，只能夜间施工。工程队成员采取各种方式，以确保按时完成机场修建。例如拌混凝土，白天在隐蔽的地方练习，先睁开眼睛搅拌几盘，并数一数需要向左、向右各翻几次；然后，闭着眼睛按数向左、向右搅拌，从中汲取经验，练习到达标为止，这样夜间施工时，虽然看不见也能拌出合格的混凝土来。

1951 年 6 月初，工程停工，在此休整期间，工程队还通过一系列活动进行爱国主义和国际主义思想教育：开展“每人每天节约一两粮，支援朝鲜人民”活动；开展“一人一封信”活动，向祖国人民汇报入朝后感想，揭露以美帝为首的帝国主义暴行，宣扬中朝人民共同战斗的功绩。

图 3-58　工程队队员在白天学习、锻炼
（来源：《当祖国召唤的时候——交大（唐院）抗美援朝工程队纪实》）

在艰苦的战争环境中，让爱国主义思想和国际主义思想武装起来的同学们忘记了疲劳甚至生命，随时准备为祖国献身，全队有十几名同学荣立战功。

第二次入朝时间是 1952 年 4—8 月，共派出学生 40 名、教职员工 12 名参加，修建了板门店的朝方机场（谈判未达成，在阜新修建机场）。

第三次入朝时间是 1953 年 6—8 月，共派出 45 名学生、6 名教职员工，抢修了板门店朝方机场，在朝鲜排演歌剧《董存瑞》。

抗美援朝期间，学校荣立集体二等功 1 次，5 人荣立二等功，32 人荣立三等功。

图 3-59　工程队队员修建战地文化馆

（来源：《当祖国召唤的时候——交大（唐院）抗美援朝工程队纪实》）

图 3-60　工程队队员在缴获的美军坦克上合影

（来源：《当祖国召唤的时候——交大（唐院）抗美援朝工程队纪实》）

图 3-61　工程队队员凯旋

（来源：《当祖国召唤的时候——交大（唐院）抗美援朝工程队纪实》）

（三）接续传承

1. 茅以升耄耋之年提交入党申请书

1985 年，90 岁高龄的茅以升考虑到自己的年龄和身体情况，手写了入党申请书，向党组织申请加入中国共产党。申请书中写道："我已年逾九十，能为党工作之日日短，而要求之殷切期望与日俱增……是继续在党外还是吸收入党，怎样对党有利，对国家和人民有利，我就应当怎样做。这是大局，而为共产主义奋斗终生，这是我终生志愿。"拳拳之心，跃然纸上，让人无不为之动容。茅以升 92 岁时，经过党组织批准，加入中国共产党。

图 3-62　92 岁高龄的茅以升加入中国共产党

2. 曹建猷古稀之年加入党组织

曹建猷院士自 1951 年开始在中国交通大学唐山工学院（西南交通大学曾用名）任教，是铁道电气化工程技术专家、教育家，铁道牵引电气化与自动化学科的创始人。

曹建猷立场坚定，旗帜鲜明，经常以自己在两种社会及两种制度下的亲身经历向青年们说明，只有社会主义才能救中国。1987 年，70 岁的曹建猷加入中国共产党，他向党支部汇报思想时曾写道："过去我总以为是一匹'不赶就跑的马'，在为社会主义工作。现在体会到，一个受制约的马和一个放荡不羁的马有多么不同！……还是把心交给党吧。”[①]

图 3-63　曹建猷院士古稀之年申请加入中国共产党

1988 年 6 月 12 日，曹建猷经过一年的预备期之后，转为中国共产党正式党员。

3. 校友尼玛江村荣获“全国优秀共产党员”称号

2016 年 7 月 1 日，学校 2002 级校友尼玛江村在北京人民大会堂被授予“全国优秀共产党员”称号。

尼玛江村 2002 年考入西南交通大学交通运输专业；2006 年 8 月参加工作；2016 年担任西藏自治区昌都市交通运输局政工科副科长、察雅县烟多镇雪东村党支部书记。

图 3-64　全国优秀党员尼玛江村

① 本部分资料来源于《西南交通大学（原唐山交通大学）校史资料选辑》第四辑，第 23 页。

2013年8月，尼玛江村告别新婚妻子，积极响应昌都市委选派千名优秀干部加强村党组织建设工程的号召，主动请缨担任察雅县烟多镇雪东村党支部书记兼强基惠民驻村工作队队长。他认真履职尽责，扎实开展了各项工作，带领村民群众增收致富，实现了雪东村从搬迁扶贫村向致富标杆村的大迈步。

尼玛江村凭着对党的忠诚、对事业的执着、对人民的深情，用自己坚韧不拔的意志和顽强拼搏的精神，让雪东村村民过上了幸福生活。

从五四运动到中华人民共和国成立，从山海关北洋铁路官学堂到西南交通大学，学校自1949年7月18日成立第一个党支部，仅有29名党员，发展到今天共有35个二级党组织，600余个党支部，1万余名党员，党的领导覆盖学校工作的方方面面，党组织核心作用不断凸显，引领学校发展始终与党和国家同向同行，扎根中国大地，建设中国特色社会主义大学。

西南交大的红色基因永放光芒！

第四章 育人英杰

西南交通大学跨越三世纪，栉风沐雨、薪火相传，筚路蓝缕、玉汝于成，虽屡迁校址、数更校名，饱尝磨难，却巍然屹立不倒，深深融入国家、民族顽强奋斗和伟大复兴的历史征程，培养了30余万名栋梁英才，在诸多领域特别是在轨道交通领域，创造了百余项中国第一乃至世界第一。之所以能够取得这样的办学成就，一个十分重要的原因就是，学校在不同的办学时期始终拥有一大批优秀教师，他们热爱学生、热爱学校、支持学校、跟随学校，传道授业解惑，以自身的品质和魅力感染学生，以自身的教风树学风、塑校风。罗忠忱、伍镜湖、顾宜孙、李斐英、黄寿恒等就是其中的楷模和典范。他们于20世纪上半叶先后来校任教，从此以校为家，奉献终身。在他们高尚的师德师风、严谨的治学态度和精湛的授课水平的感召下，学校聚集起一大批大师、名师，开创了“严谨治学，严格要求”的“双严”传统，培养了一大批以突出贡献、卓越成就享誉海内外的科学家、教育家、工程技术专家，以及政治家、社会活动家等。

一、交大“五老”

图 4-1　交大“五老”

（一）罗忠忱

图 4-2　交大“五老”之一——罗忠忱教授

罗忠忱（1880—1972），字建侯，福建闽侯人；1906 年保送至美国康奈尔大学土木系公费留学；1910 年大学本科毕业，继续在康奈尔大学研究院攻读，并获得土木工程师学位；1912 年 8 月受聘任唐山铁路学校（西南交通大学曾用名）教授，先后讲授过应用力学（即理论力学）、材料力学、水力学、天文学、河海工程等多门课程。由于罗忠忱教授在应用力学方面有很深的造诣，遂在 1917 年后专职教授应用力学和材料力学。罗忠忱教授终生在学校任教，曾担任教务长和土木系系主任，并两度出任学校校长；1921 年 5 月被聘为交通大学唐山学校（西南交通大学曾用名）主任；1943 年 8 月再次被聘为国立交通大学贵州分校（西南交通大学曾用名）校长；1955 年退休。虽然学校多次易名、搬迁，他从未离开过。1972 年 1 月 8 日，罗忠忱病逝于河北唐山学校原址内，享年 92 岁。

罗忠忱是学校第一位中国教授，是中国第一代工程力学教授，也是我国老一辈著名工程教育家，深受师生尊敬，被尊为“五老”之首。

1. 以校为家

罗忠忱是爱国荣校、爱校如家的典型代表。抗日战争爆发时，正逢家中母老子病，罗忠忱没有立即离开唐山。1937 年冬，当得知学校在湖南复课，他毅然辞别病中老母（罗忠忱母亲于 1938 年病逝于唐山），只身赶赴杨家滩，到校后随即投入教学工作中。

1944 年 12 月，日军入侵黔南，学校再次从贵州平越搬迁。时任校长的罗忠忱亲自主持搬迁工作，坚持到最后才离开平越，当时已经没有汽车可以乘坐，只能坐滑竿经瓮安到遵义，到达重庆时衣物几乎全部丢失。这时的罗忠忱已是年过六旬的老人，为了支持学校办学，八年来与家属分居两地，以校为家。在颠沛流离、战火纷飞的年代，学校的应用力学课和材料力学课从未间断，每周一到周五的理论课和周六的测验课，罗忠忱始终站在讲台上，诠释着一个老教授的爱国情操和对力学教育的无私奉献。

2. 严于律己

罗忠忱曾几度出任学校领导职务，不管行政事务有多繁忙，他也从不耽误给学生上课。罗忠忱的学术造诣很深，教学经验丰富，他对学生的严格要求总是建立在对自己严格要求的基础上，因此每次备课都极其认真，在讲课前都要写好讲稿。他认为："我讲完了，讲稿就不要了，下次讲课，我再备课，重新写讲稿，我从来不用过去的讲稿讲课。"就是这样的讲课习惯，使他的课程总是内容充实、条理清晰、分析严密、深入浅出，加之罗忠忱英语流利，讲课时吐字清晰、抑扬顿挫、声音洪亮，如行云流水，非常吸引人，让学生如沐春风。罗忠忱的严格要求还体现在他严谨的作风上，每次上课时的授课板书都非常工整，一边讲课一边在黑板上画图、推导方程、计算例题，一切都井然有序。

3. 严格要求

应用力学和材料学课程每周六都有一节测验课。罗忠忱每次测验课都是亲自命题。题目分为 A、B 两组，相邻座位学生的试题不同。他亲自掌握测验，亲自评卷，评分极严。他不仅要求学生解题方法正确，而且要求计算正确，稍有差错，则扣分很多。他认为工程师计算出差错，会造成严重的工程事故，后果不堪设想，因此教师必须严格要求学生计算正确，使之具备成为工程师的素养。罗忠忱把每周的测验成绩计入学期总成绩，促使学生持续勤奋学习。到了期末考试要求更严，试题分量很重、难度很高。尽管学生对应用力学和材料力学非常重视，但学期结束时总有不少学生不及格。罗忠忱执行严格的“Double fail”（正考和补考都没有通过），“Double fail”的学生要被淘汰、退学。罗忠忱的侄儿罗孝洛在学校读书时，有一门课程考了 59 分，罗忠忱也同样一视同仁，坚持让他留级。

4. 桃秾李郁

中华人民共和国成立前中央研究院进行院士遴选时，罗忠忱被提名为候选人。但因为他述而不作，虽然培养出一大批优秀的科学家，仍然没有被评上院士。罗忠忱对此并不后悔，他说：“我把所有的东西都给学生了。”正是这位杰出的育人楷模倾尽毕生的才华、学识、智慧培养学生，才为国家和民族培养了一大批享誉海内外的专家学者。他的学生有“新中国最美奋斗者”、著名桥梁专家茅以升，被誉为“预应力混凝土先生”的结构专家林同炎，“两弹一星”功勋奖章获得者陈能宽、姚桐斌，著名力学专家林同骅、张维、刘恢先，著名水利专家严恺、黄万里等。他的学生许多都当选为院士，为新中国建设和发展倾尽毕生力量。

1980 年，在学校为罗忠忱补开的追悼会上，茅以升为恩师罗忠忱写下挽联：

从学为严师，相知如契友，

犹记隔海传书，力促归州虚左待；

无意求文达，有功在树人，

此日高山仰止，常怀遗范悼深思。

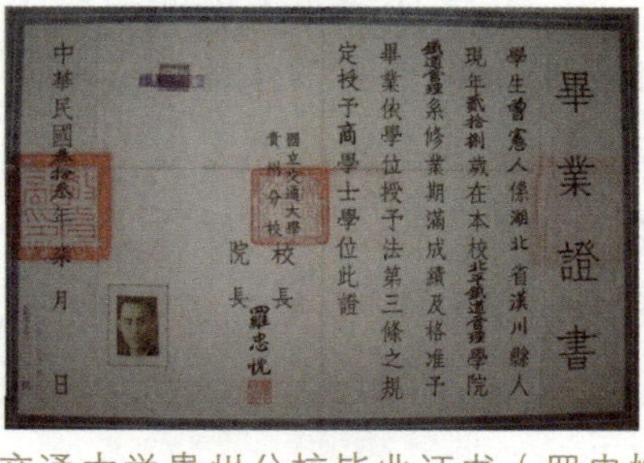
畢業證書
學生曾憲人係湖北省漢川縣人
現年貳拾捌歲在本校北平鐵道管理學院
鐵道管理系修業期滿成績及格准予
畢業依學位授予法第三條之規
定授予商學士學位此證
國立交通大學貴州分校
校長
院長 羅忠忱
中華民國　年　月　日

图 4-3　国立交通大学贵州分校毕业证书（罗忠忱毛笔亲签）

（二）顾宜孙

顾宜孙（1897—1968），字晴洲，上海市南汇县人。顾宜孙自幼受到良好的文化熏陶，12 岁进入南汇第一高等小学读书；后到黄炎培创办的浦东中学就读；1918 年考入上海工业专门学校（上海交通大学、西安交通大学曾用名）土木工程系；同年考取清华公费留学，在美国康奈尔大学研究院土木科学习，1919 年获得美国康奈尔大学硕士学位；1921 年获得哲学博士学位（与胡适同届，当时尚无工学博士学位）。顾宜孙 1922 年年底回国，应交通部唐山大学之邀任教授；1945 年起任国立交通大学贵州分校校长，学校复课唐山后，任国立唐山工学院院长；1954 年受铁道部邀聘，任武汉长江大桥顾问委员；1968 年病逝于上海，终年 77 岁。顾宜孙终生从事工程教育事业，创立了中国桥梁和结构学科，并为其发展付出了全部精力。

图 4-4　交大“五老”之一——顾宜孙教授

1. 为国育才

顾宜孙 1921 年至 1922 年在纽约参与过哈得孙大桥、美国国家储备银行、华盛顿纪念碑等的设计工作颇受重视。1922 年年底，他毅然回国，拒绝了师长和亲人们要他留在上海谋求高薪工作的建议，接受康奈尔大学同学侯家源之邀，来到当时地处偏僻的交通部唐山大学任教，接替侯家源讲授结构方面的课程，决心为祖国建设培育人才。

中华人民共和国成立后，他更是决心为祖国建设、为学校的发展更加努力地工作。“爱国就必须拥护共产党的领导，就必须拥护社会主义。”在 1957 年全党的整风运动中，他始终这样讲，也始终这样做。

2. 爱校如家

自 1922 年年底起到 1967 年发现肾癌止，顾宜孙始终以校为家，急校所急，与学校同呼吸，共命运。

1937 年“七七”事变后，唐山沦陷，学校师生被迫南迁。他抛家舍亲，只身从上海乘船绕道越南进入昆明，等待学校的消息。当他得知学校已在贵州平越复课后，他婉谢了云南大学的一再挽留和提供的优越条件，当即赶赴平越，和罗忠忱等齐心协力，苦心支撑着学校渡过一个又一个难关。当时学校办学条件极差，教职工薪金常常难以兑现，老师的居住环境也十分简陋。顾宜孙所居住的房间仅能放一张床、一张书桌，书架也只好放在外面的过道上，没有电灯、煤油灯，晚上用菜油灯照明。即便条件艰苦，他对自己的教学工作仍未有丝毫懈怠。

1944 年秋，日军突袭贵州，学校不得不就地解散。顾宜孙临危受命，前往重庆寻觅并筹建新校址，最终确定在璧山丁家坳筹建临时校所，学校才得以弦歌不辍。

1948 年 11 月，学校大部分师生及家属南迁上海，迁沪后，仍有人主张继续南迁，甚至有人提出迁往台湾。关键时刻，以顾宜孙为代表的师生坚持在上海等待解放，避免学校遭受更大的损失。

中华人民共和国成立初期，他积极发挥作用，帮助延揽人才。许多学者应邀回国或来校任教，为学校发展创造了条件。

3. 教学有方

顾宜孙具有渊博的学识，在数十年的教学生涯中，他始终兢兢业业、一丝不苟。他讲课全部用英文，课程包括结构理论、高等结构理论、钢筋混凝土结构设计、钢结构设计、钢桥设计等并指导学生的毕业论文。抗日战争期间，学校很难聘到教授，他几乎一人挑起结构专业的全部课程，教学工作量极其繁重，还要担任行政工作，但各项工作都安排得井井有条。

顾宜孙备课认真，总是将需要教授的内容凝炼为包括各种符号在内的笔记，重点清楚，也方便学生理解掌握，尤其是对于基本教学内容，他主张一定要讲明白，绝不能含糊或敷衍。顾宜孙的讲课也很有特点，他总是先在黑板上写出内容提要，待学生基本抄完再进行讲授，这样学生比较容易掌握他的思路。顾宜孙对于布置随堂作业、课后作业和出考试题目也非常讲究。讲课中他时常引导学生推导一些复杂公式，考试题目基本上能涵盖课上所授内容而且非常有启发性。有时他还通过一些考试题目体现某些原理的运用，帮助学生更深刻地理解所学理论的实际意义，并借此培养他们独立思考、解决实际问题的能力。留给学生的课后习题，他也先做好答案，以便随时检查学生的作业。

顾宜孙不仅仅重视基础，在培养学生方面他还主张要与国际接轨，与中国工程实际和实践接轨，极具超前思想。他每年都随着世界科学技术进步的新成果和我国工程实践的新情况更新教学内容，开阔学生眼界。由于他博学多识、工作负责，在他的循循善诱下，学生的业务能力大都很强，其中不少成为国内外的知名专家和学者。张维、严恺、刘恢先、林秉南等中国科学院院士，林同炎、林同骅等美国工程院院士均为顾宜孙的学生。

4. 建立和发展桥梁和结构学科

新中国成立后，为了能将处于世界前沿的苏联有关科技知识及时介绍给学生，顾宜孙密切关注苏联工科教学计划、阅读俄文文献，短短几个月内，60 岁的他从不识俄文迅速达到借助字典就能独立阅读俄文资料的水平。1952 年 5 月，为了快速培养当时急需的专业技术人才，他参照苏联将学科结合新产品设置专业的思路，将结构系改为桥梁隧道系，下设桥梁和隧道两个专门（以后改为专业），并组织教师按课程建立教研组。顾宜孙以身作则，首先改用新教材、新规范和新理论教学，从而推动了桥隧系教学的全面改革。学校桥梁隧道专业制订的教学计划为全国有关学校采纳。1956 年，学校又在桥隧系内设立了工业与民用建筑专业。

同时，顾宜孙还制订了详细的试验室发展、建设和实施计划，逐步建成材料力学、土力学、建筑材料、偏光弹性分析、工程结构试验室，招收研究生，开展科学研究工作，一个完整的桥梁和结构学科因此建成。

图 4-5　顾宜孙教授编撰的《木材结构学》

5. 勤俭节约　淡泊名利

顾宜孙一直勤勉俭朴，平易近人。自抗日战争时起，其夫人、孩子长期留居上海，他一人在学校工作，在食堂与学生一同吃饭。顾宜孙衣着也十分朴素，1959 年在北京参加国庆十周年纪念会时，人民大会堂门卫对他的证件反复核验才予放行。后来，他为了出席重要会议时不受阻，才为自己做了一套新衣。

（三）伍镜湖

图 4-6　交大“五老”之一——伍镜湖教授

伍镜湖（1884—1974），字澄波，广东台山人。13 岁时去美国同父亲生活，入读麻省西林市立小学、中学。在族亲的资助下，1908 年考入美国纽约州伦赛勒工科大学，1912 年毕业，获土木工程师学位。美国的学习、生活与工作经历让他切身体会到美国白人的种族歧视，深感留在美国犹如寄人篱下。当时的中国已开始兴建铁路，工程人才十分匮乏，在民族自尊心与建路兴国愿望的促使下，他于1913年夏离美回国，受唐山工业专门学校（西南交通大学曾用名）校长之邀，于1915年到校任教，从此再未离开。伍镜湖于1939—1949年间担任教务长（教务处主任）职务，是我国铁路工程教育的先驱，1955年退休，1974年8月病逝于唐山，享年91岁。

伍镜湖是学校土木和铁路工程的首席教授，也是我国讲授这类课程的第一人。

1. 专注教学

伍镜湖毕生从事铁路工程教育，为铁路工程学科的发展做了大量的基础性工作。到唐山初期，他主要讲授测量类课程，如平面测量、大地测量、天文学等。1921年以后，讲授铁道工程、隧道及号志工程、铁路行政及管理，以及指导学生实习和毕业论文。

伍镜湖十分重视学生的实习环节，带领学生进行暑期测量实习和水文测量实习、铁路测量和野外测量实习，他总是认真负责，对学生、对自己都严格要求，无论在北京西山还是八达岭，他都跋山涉水奔走于各测量小组检查指导。在指导过程中，他总是能凭借自身丰富的实践及教学经验，迅速看出学生操作中不够完善需改进的地方，并选择适当时机对学生进行教导。伍镜湖这种结合工程实际、培养学生解决实际能力问题的教育方法，也为当时学校走出的毕业生快速承担实际工作，并相比于同类学校毕业生来说能够第一时间发挥突出作用打下了重要基础。

1910年开始，学校便采用本科四年学制，并要求学生毕业前写一篇学位论文。目前，图书馆存有1922年至1948年期间部分毕业生的学位论文200余份，其中由N.C.Wu即伍镜湖指导者最多，由N.S.Koo即顾宜孙指导者次之。

2. 严谨治学

伍镜湖严格执行学校的规章制度，以身作则，并要求学生坚决执行，决不通融，对于学生的考试更是相当严格。1933年，日军入侵冀东，学校于4月22日被迫南迁上海，1933年毕业班学生都在上海通过考试后毕业离校，唯独学生江大源此前因病缺席水文测量实习，尚未取得实习成绩。伍镜湖仍要求江大源同下一届班级学生暑假至塘沽补作实习，亲自指导并检查他的实习情况，成绩合格才补签成绩，将毕业证书发给江大源。

1938年秋，学生武可久、池际咸二人因参加抗日战争而错过了到杨家滩新校址报到的时间，学校考虑到情况特殊，特准他们在自修补课后参加毕业考试。结果他们二人各课成绩几乎全部及格，唯独铁路号志课考试成绩只有36分。由于学校规定期末考试成绩不足40分者不得补考，必须重修该课，于是伍镜湖不同意再给二人补考机会。武、池二人直到1939年11月才在贵州平越毕业离校。

在伍镜湖的心中，考试作弊是绝对不能被宽容的，上午发现作弊，下午就公告开除，为了防止学生考试时在厕所翻阅资料或互通信息，考试期间学生上厕所他都亲自跟随前往。伍镜湖对教规校规身体力行，为学校“双严”传统的形成树立了良好榜样。

3. 关怀学生

五四运动前后，学生许元启、朱泰信等结成“人社”①，编辑并发行刊物《科学的唐山》，前后共出了6期，经费大部分自己出（每册售铜圆3枚，不敷成本）。由于费用相当大，学生们恳请伍镜湖担保向交通银行借款，伍镜湖为支持学生欣然应允。后来，许元启等历时数年才陆续还清这笔借款。

1938年11月，杨家滩发生大火，学校决定离开杨家滩西行，到桂林集中，复课等后事再议。11月27日，学生在校友

---

① “人社”以“改造社会”为己任，主张“奋发图强，科学救国”。

们的帮助下搭乘火车到达桂林，不料 12 月 2 日敌军飞机轰炸桂林，测量队队部中弹起火，学校的图书、档案和 80 多位同学的行李丧失殆尽。为避免再次被炸，大队急忙走山间小路去柳州，于 12 月 15 日到达柳州。这时已是寒冬，看到学生非常困难又失去了行李，伍镜湖提出预支他的个人薪金为困难同学添置衣被。时任校长茅以升后来听到此事，颇为感动。

在平越办学时期，学生没有电灯照明，伍镜湖就自备蜡烛，方便学生考试。“穷且益坚，不坠青云之志”，在战火纷飞的年代，一张平静而光明的书桌自是十分珍贵。交大的迁校岁月和老师对学生的坚守、关爱，激励了一代又一代交大人自强不息。

4. 忠恕任事

抗日战争进入相持阶段，平越的教学条件和生活条件都相当差。一次毕业班同学聚会时，伍镜湖教诲学生说，中国需要很多专家，你们要有志气，离校后争取早日成为专家，为国效力。遇到重大技术问题时，专家应当坚持自己的意见，不要轻易让步。须知不坚持正确意见往往导致工程蒙受重大损失，你们要坚持正确的意见，否则宁肯辞职也不能违背本心，这才是认真负责的态度。伍镜湖的教诲让同学们终生铭记。

自 1915 至 1952 年间，学校毕业生茅以升、林同炎、林同骅、张维、严恺等中国科学院院士、中国工程院院士很多都曾是伍镜湖的学生。中国早期的铁路建设专家，大多毕业于唐山交大，其中伍镜湖的学生更是不占少数。伍镜湖常说：“学生的成就，就是对教师的最高奖赏。”

1980 年，在峨眉校区举行的伍镜湖教授追悼会上，茅以升献给恩师伍镜湖教授的挽联中写道：

六十年以校为家，安危不移，
一生律己严，课业勤，治学谨；
三千里经湘历贵，风雨共济，
长忆梅林秀，漓江碧，黔山青。

为纪念学校伍镜湖教授，学校九里校区内的碧湖被命名为“镜湖”。

图 4-7　西南交通大学九里校区镜湖

（四）黄寿恒

黄寿恒（1896—1969），字镜堂，江苏扬州人，中国近代工科数学教育的开拓者。兄弟三人（黄寿颐、黄寿恒、黄寿益）及他的两个儿子（黄棠、黄棣）均为学校毕业生。黄寿恒于 1910 年 8 月考入唐山路矿学堂土木工程科，当时不满 14 岁。1914 年，黄寿恒毕业，1916 年考取清华公费留美，入麻省理工学院学习；1917 年 6 月便获得麻省理工学院及哈佛大学土木工程学士学位。正因如此，学校的教育水平受到了麻省理工学院的认可和肯定。1918 年 6 月，黄寿恒获麻省理工学院航空工程硕士学位，在美国实习和工作两年后，于 1920 年夏回国，在航空界和铁路部门工作。因不满军阀混战、官场腐败，于 1923 年回母校任教，从此再也没离开过母校。

图 4-8　交大“五老”之一——黄寿恒教授

1. 讲课独特 方法灵活

黄寿恒主讲微积分、常微分方程、最小二乘法等课程。他的讲课方式独特，方法灵活。讲微积分时，黄寿恒认为学好极限的概念就有了微积分学的入门钥匙，因此他一直坚持先拿出学期四分之一课时用英文讲授极限理论。同时，此举也有另一层深意：学校当时讲课全用英语，教材也是英文原著，刚入校的本科学生一时难以适应，放缓关于极限内容的讲课节奏，既能为后面的讲课内容打下基础，又为学生适应英语授课做铺垫，对学生的教育可谓用心良苦。

学校当时教学使用的是英国人写的教材，黄寿恒讲课从不“照本宣科”，在提出一个要讲的问题后即尽情发挥，遇有原书不恰当之处都一一指出，如用词不确切、条件不足或更多，甚至提出论据的先后次序不合乎逻辑等。同时他也借此教育学生要独立思考，不要迷信书本，不要迷信外国人，黄寿恒的治学态度对学生的工作和学习态度产生了深远的影响。

2. 临危受命 爱校如家

1937 年“七七”事变后，日本全面侵华，不少北方的大学被迫南迁，学校也先后辗转到湘潭的钱家巷教堂、湘乡杨家滩办学。黄寿恒为学校在湘潭复校付出很多心血。南迁复校筹备时，黄寿恒去信浙赣、湘黔、湘桂各线熟识校友，为教学筹借测量仪器等物品，并得到湘黔校友会的大力支持。考虑到学校复课之初教师不易聚齐，且得知湘黔校友会可以物色到能胜任代课工作的教师近二十人，黄寿恒第一时间将信息转达罗忠忱、顾宜孙、伍镜湖、李斐英等教授，为学校维持办学、储备师资积极谋划。后来几经波折，学校从南昌辗转湘潭，于 1937 年 12 月 3 日租定湘潭钱家巷一处西式住宅和一处礼堂作为学生的课堂和宿舍，12 月 15 日在钱家巷校址举办开学典礼，并于 16 日正式复课。一大批学识优异的校友和有识之士来校临时充当义务教授，在没有报酬的情况下仍然保证了高质量教学，可以说黄寿恒在其中发挥了巨大作用。复课不久，黄寿恒又前往衡阳粤汉、湘黔铁路局拜访校友，为学校募捐复校基金，共募集到一万两千余元，超出预期金额几近一倍，保证了学校的有序运转。

1943年秋，校长胡博渊辞职后，学校一时处于无人负责状态，教师和校友们意欲请罗忠忱出任校长。为促成此事，黄寿恒毅然出任总务主任，在抗日战争艰难情形下，尽心尽力管好全校师生员工数百人的生活。1944年冬，日军攻入贵州，学校不得已迁往四川，当时局势紧张，黄寿恒竭力帮助全校师生妥善运送书籍用品，并为复校奔走策划，这期间因身负巨大压力，几乎精神失常，付出良多。

1940年在贵州纪念校庆时，黄寿恒写了一首五言长律，回顾他自1910年起与交大结缘30年的历程：

四岁专科制，规模轫始崇，声名腾冀北，成绩肇华中。
寝馈思当日，菁我振国风，分攻路矿学，俱习测量工。
听讲叹幽邃，磋磨语曲通，心知殊少少，毕业遂匆匆。
九载漂游倦，重来杏李丛，庭栽犹半熟，师友甚和融。
设备年增益，讲论岁不同，芳菲齐结实，培养喜收功。
洙泗坛仍在，弦歌诵忽终，东隅嗟已失，桑梓恨无穷。
倭寇猾华夏，蝦夷据学宫，图书抛散佚，仪器掷西东。
庭柳迎风绿，池荷过雨红，驱车由此去，回首罪天公。
复课湘潭畔，避戎黔岭中，精神异宿昔，物质竟虚空。
建国工程大，同门发愤雄，匹夫知义愤，岂敢息微躬。

3. 授人以渔 孜孜不倦

黄寿恒在讲课中对教材解释少而评述议论多。在推导定理或者演算例题时，偶尔也会出现笔误，以致影响后面的推算。这时，他会说：“Wait a minute.”（请等一等），在找出问题后引导学生发现问题在哪里，对引起学生注意、加深印象十分有益。他认为，学生在今后的工作中也会遇到推算错误，通过这样的授课模式，可以帮助学生积累处理错误的能力和经验。

黄寿恒不主张备课，更没有讲稿，讲课时常即兴发挥，他认为这样讲课才生动，才能更好地引导学生跟随他的思路，因为好像他自己也是重新开始研究这一问题似的。

（五）李斐英

李斐英（1888—1954），字倬章，福建福州人；1912 年毕业于美国纽约州叙拉鸠斯大学，1916 年到唐山工业专门学校任教；1952 年改任研究教授；1954 年夏病逝于唐山，终年 66 岁。

李斐英在学校任教 30 多年，主要教授英语，还教过预科的世界史及本科的经济学和工程律例。兼任过唐山工业专门学校校友会杂志社的西文主任和斐陶斐励学会副会长、总干事等职。

图 4-9　交大“五老”之一
——李斐英教授

1. 注重启发引导

上课时，李斐英经常按学号顺序点名，要求学生分段落逐个朗读课文。学生发言后，李斐英逐一纠正学生发音中的错误，再要求学生们用英语解释单词或词组的含义。他上课时提问多而讲解少，态度文雅，能利用各种机会针对学生的需要进行辅导，效果很好。李斐英还要求学生每学期交上几篇课文摘要作为英语课的作业。他并不详细地批改这些作业，而是通过让同学在课堂上回答作业中的问题来考查学生的英语水平。期末考试时，他出的试题分量相当重，且与几篇课文摘要中涉及的主要问题关系密切，学生一般都要结合自己写课文摘要时的收获和体会来答卷，这样才能在很有限的时间内写出合格的答卷来。当年学校学生的英语水平与国内其他高校相比并不算差，但学生们要付出很多时间和精力，才能在李斐英那里拿到 60 分或 70 分，英语成绩超过 80 分者更是屈指可数。在学校读书期间非常刻苦的陈能宽院士，经过两年系统的基础课学习，英语也只得 81 分。

2. 潜心育人

抗日战争爆发后，唐山校园沦陷，学校前途未卜，这让李斐英内心十分着急。当时在上海的唐校老师有顾宜孙、李斐英、许元启三人，他们一同去交通大学上海本部找黎照寰校长商谈，并与学校校友通信，探讨在内地复课的各种可能性。迁校贵州平越后，1940 年 8 月，为了协助地方发展教育事业，学校在当地开办中山中学班（高中），课程基本由学校教师兼授。1942 年，改名为贵州省立平越高级中学（现西南交大附属福泉中学），校长由李斐英兼任，极大解决了当地学生和交大教职工子女的求学问题。李斐英对这所高中的教学行政工作认真负责，同时兼任英文和社会学科课程教师。那几年晚间学生们经常见到李斐英手提灯笼往来于各自修教室间，检查督促学生的晚自习。中学班坚持严格招生、严进严出，1944 年冬天学校离开平越前，该高中有两个年级毕业，不少毕业生考入交大或其他高校，成为国家栋梁。

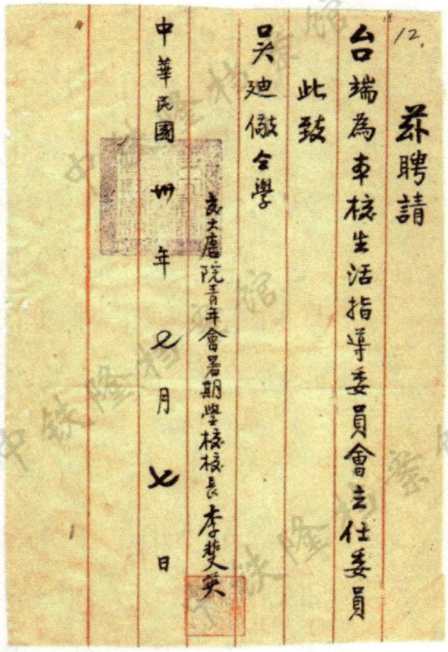
12.
茲聘請
台端為本校生活指導委員會主任委員
此致
吳迪儆台學
交大唐院青年會暑期學校校長李斐英
中華民國卅年七月七日

图 4-10 中铁隆工程集团有限公司档案馆向学校捐赠的李斐英致吴迪儆遗墨

1944年冬，广西独山沦陷，平越气氛紧张，学校决定就地解散，但李斐英和多数教师对学校不离不弃，历尽千辛到达重庆复课，在璧山复课后，李斐英仍和过去一样认真负责地教授英语课。

二、育人轶事

（一）“毕业难”的唐山路矿学堂

学校的课程比较艰深，考试也尤为严格。成绩高低不仅决定是否可以升级，也是学校助学金发放的依据。按照当时规定，如果每一科成绩都不足满分的30%，总的平均分不满50%的话，将被裁定考试不及格，必须留级。由于这一规定比较严苛，学生升级率很低。《唐山路矿学堂初建纪事》就提到，1908年的学校期末考试，一年级只有26名学生顺利升入二年级，二年级只有32名学生顺利升入三年级。后来，学校对规定进行了修改：总成绩上达到了平均50%的要求，但是在某一科或几科中的成绩未到30%的学生，可以暂且升入高年级，但在春季还会组织一次补考，补考成绩未能达到满分的50%，他们仍将留在低年级。

在学校不同的办学时期，校友们都对学校严格的教育教学和考试要求难以忘怀。在他们就读时，因考试成绩不合格而被迫离开学校的事例也是数见不鲜。

（二）“一班四院士”的育人传奇

1933年，土木工程系同一班级张维、严恺、刘恢先、林同骅毕业。数十年后，这四人均成为顶尖学者，在我国水、陆、空、地多个工程领域声名显赫，先后被评为院士。一个班诞生了四位院士，堪称我国高等教育史上的一个奇迹。

张维（1913—2001），中国科学院院士、中国工程院院士，我国著名的固体力学、结构力学和工程教育专家，曾任清华大学副校长。1983年创办深圳大学，是深圳大学首任校长。

严恺（1912—2006），中国科学院、中国工程院、墨西哥科学院三冕院士，我国水利泰斗、教育家、世界著名的水利海岸工程学家。1952 年筹建河海大学，为中国水利教育和建设事业做出突出贡献。

刘恢先（1912—1992），中国科学院学部委员、院士，我国结构工程与地震工程专家、我国地震工程学奠基人，创建中国科学院工程力学研究所，开创了我国地震工程学的研究领域。

林同骅（1911—2007），美国土木工程院院士、美国国家工程院院士、中国科学院外籍院士。

学校杰出的育人成就除受益于办学以来严谨治学、人才辈出的良好声誉外，还得益于学校拥有一支优秀师资团队。20 世纪二三十年代，继罗忠忱、伍镜湖、李斐英等之后，顾宜孙、黄寿恒也先后来校任教，直至 1937 年，侯家源、林秉贤、朱泰信、罗河、许元启等 30 余位教师先后来校任教，大师云集、群贤毕至、盛极一时，足见当时学校教育教学水平之高。

（三）“一班三院士”的育人佳话

1937 年，“七七”事变爆发，学校被迫迁校，经湖南湘潭进入贵州平越。迁校后，茅以升校长积极扩充教师队伍，提高办学条件。1939—1944 年平越时期，学校又增聘王绍瀛、林炳光、徐家增、佘峻南等一大批名师到学校任教。当时正值抗日战争相持阶段，学校地处黔东南，物质条件极其匮乏，但拥有这样一支教师队伍的学校在全国亦是屈指可数。学校成绩斐然。

姚桐斌、陈能宽 2 名“两弹一星”元勋，肖纪美、佘峻南等 9 名院士，全国工程勘察设计大师胡惠泉，社会活动家杨纪珂等上千名专家学者，均是学校平越时期培养的。尤其值得一提的是，矿冶系 1943 届毕业生中，一个班出了 3 位院士：中国科学院院士肖纪美、徐采栋，中国工程院院士邱竹贤。

2016 年 5 月 27 日，校友陈能宽院士病逝。《中国科学报》在缅怀陈能宽院士的文章中，曾这样记录了当时学子们在平越时期的学习生活状况："随着起床钟声敲响，寂静的山城顿时沸腾起来，大小操场上，爱好体育运动的小伙子们，龙腾虎跃，一片喧闹，福泉山下，古城墙上，同学们三三两两，读外语、背公式，一片琅琅书声。太阳渐渐升高了，大家夹着书本，拿着学习用品，争先恐后地涌进教室、实验室、图书馆，有的聚精会神地听教授讲课；有的认真细致地搞试验、做作业。傍晚时分，大家三五成群，漫步在藜峨山麓、犀牛滩旁，纵情高歌，指点江山，尽兴地倾诉着共同的心声……"意境唯美。平越时期的办学故事在学校办学史上永久地留下了浓墨重彩的一笔。

（四）百年校庆典礼上的感动

李汶教授从事建筑科学教学研究，前后在学校执教近 60 年。他精于教学，勤于改善教学方法。"画法几何"曾被学生称为"头痛几何"，他就总结出一套行之有效的讲课内容并为学生设计与之相配合的作业题，让学生对画法几何有了更深入的了解，也为学生的进一步学习打下了坚实基础。

在 1991 年学校建校 95 周年纪念会上，有一位 60 多岁的老人来到李汶面前，恭恭敬敬地向他三鞠躬。这位老人来自宝岛台湾，是建筑专家、1943 级校友张溥基。40 余年前在母校求学时，张溥基因"画法几何"课程两次没有及格，对学业失去信心。李汶知道后，常常鼓励他，并帮助他克服学业困难，张溥基的成绩也因此渐渐变好。几十年过去了，张溥基仍然十分感激恩师的严格要求和教诲鼓励，在他的心中，老师的教育与他后来成长成才、取得成就关系极大，令他终生难忘。

李汶还为学校的建校工作呕心沥血，曾为唐山校园设计并监造了校友厅、教授住宅，改建西讲堂、图书馆；中华人民共和国成立后，曾在天津、北京、兰州、唐山等多地为母校筹迁，亲自参与校园设计、监造等工作，为学校贡献了毕生力量。

（五）为学校发展和人才培养鞠躬尽瘁的曹建猷

曹建猷，中国科学院学部委员（院士），我国铁道电气化事业的奠基人。曹建猷于1951年8月来校任教，自此扎根学校，为新中国建设培养技术人才40余年。他的一生，是勇于担当、为学校发展和人才培养鞠躬尽瘁的一生。

1952年，曹建猷认识到我国铁道电气化事业必将发展，就着手创办电气运输专业。当时我国还没有任何干线电气化铁路，也从来没有人办过这方面的专业。时任院长顾稀问："你看，何时招新生？"曹建猷斩钉截铁地回答："今年就招！"于是，他在师资和设备等条件十分困难的情况下，带领一批教师，以身作则，边学边教，艰苦创业，于1956年培养出了第一届学生。他们正好赶上我国第一条电气化铁路——宝成铁路宝鸡至凤州区段建设的需要，成为我国铁路电气化的开路先锋和后来的技术骨干及领导。在曹建猷的带领下，西南交通大学铁道牵引电气化与自动化学科一直处于国内领先地位。

1978年，曹建猷积极推动学校电子计算机技术专业的设立。因缺乏师资，年过花甲的曹建猷率先垂范，自主研究并编写《电子计算技术讲座》等教材，手写教材涉及很多专业化公式与符号，印刷厂排版非常麻烦。为了尽快印出，他就亲自上阵逐字刻写蜡版。1979年学校招了第一批计算机应用专业硕士研究生7名，他又走上教学一线，带头为本研学生开设"算法分析与设计""结构化程序设计"等课程。

在他的带领下，学校在1983年成为我国第一批拥有铁道牵引电气化与自动化学科硕士、博士学位，计算机应用硕士学位授予权的单位。

（六）沈志云的交大情结

沈志云，1952年毕业于唐山铁道学院，机车车辆动力学专家，中国科学院院士、中国工程院院士。耄耋之年的沈志云仍是交大的育人典范。他常住峨眉校区，清晨峨眉校区的湖畔时常能看到沈院士和学生探讨学术问题的身影。他还在自己的家中举办“香樟沙龙”，为学生开设讲座，与同学们亲切交流，畅谈未来高铁发展。他还曾自掏腰包，为本科生设立“新学风奖学金”，鼓励学生脚踏实地，志存高远。

自1952年投身高等教育事业，沈志云半个多世纪一直耕耘于讲台，教书育人。他以高度的责任感和紧迫感精心培养人才，可谓“桃李满天下”，培养的硕士生、博士生、博士后已在国内外机车车辆动力学界担当栋梁。

可当他谈起自己的简历的时候，这位严谨治学，爱校如家的“老学长”说：“毕业之后我基本没有离开过交大，其实我的简历一行字就够了。”

（七）钱清泉的师道传承

钱清泉，中国工程院院士，我国铁道电气化自动化专家。1960年毕业于唐山铁道学院，留校任教至今已有60余年。耄耋之年的钱清泉十分关心学生培养工作，走访学生的宿舍时，还为同学们讲述他的求学经历和育人初心。

“我的老师曹建猷院士是我国铁道电气化事业的奠基人，他是铁道牵引电气化与自动化学科的创始人，他的高瞻远瞩，极力推动了铁路电气化……正是曹院士的高瞻远瞩、爱国精神、爱校如家的精神，召唤着我们这一批人来到学校学习、工作……”钱清泉院士和学生回忆起恩师对他的影响，谈道：“著名电机专家、曹院士夫人姚哲明教授的课上，几乎没有人能及格。”“别看我们同学考试分数低，但是用人单位都知道，交大学生低分含金量不比其他学校的高分少。”

钱清泉还曾向同学们讲述从恩师曹建猷院士身上感受到的学校的“双严”传统。“我感受到了曹建猷院士的治学态度和育人思想，感受了唐院时期的优秀文化，我也将它传承下来，培养了很多同学。”钱清泉说，为了培养出国家需要的铁路电气化人才，自己曾经一周 7 天，每天站讲台 7 小时。钱清泉说，最让他充满自豪的事情，就是他培养的学生已经在各自岗位上为我国轨道交通事业发展做出了贡献。

（八）中国铁路提速的“保护神”翟婉明

在 2011 年新增选的中国科学院院士中，有近 90%是海归，翟婉明属于那少数的 10%。翟婉明本硕博均毕业于西南交通大学，没有出国念过一天书，但他的研究成果助推全国铁路 6 次提速及高速化发展，被世界誉为“中国铁路提速的‘保护神’”。抛开这些荣誉，作为一名交大教师，翟婉明的心中始终坚守着教书育人的理想和对三尺讲台的敬畏。

成为翟婉明的学生是一件荣幸却不容易的事情。翟婉明说：“我的学生一定要学习态度端正，没有功利心，要有更高的理想追求。”他是这样解释这一要求的，“没有端正的态度，就不会有吃苦耐劳的精神，很难长时间专注研究。坐不得冷板凳，静不下心，就干不出成绩。”

翟婉明的博士生陈兆玮回忆过老师指导自己写论文的往事，说起翟老师的严格与耐心，陈兆玮至今记忆犹新：“我的首篇论文，《高速铁路桥墩沉降与钢轨变形的映射关系》，把翟老师气得不行。初读之后，他拿起红笔就改，大到论文的逻辑性、章节题目的拟定，小到公式中字母的正体与斜体的适用范围、图表如何演示更清晰，纸上密密麻麻，全是红笔圈点批注的痕迹。我不争气，前后起码反复改了五六次，才勉强达到翟老师的要求。而他就那么一遍一遍地认真修改，没有一点不耐烦。”

翟婉明说：“要求严格，是为了让他们形成学术规范。科学研究环环相扣，一个看似无关紧要的细小差错，却将导致整个逻辑链条的彻底崩塌。”翟婉明也一直以身作则，带领学生们踏实走好学术研究的每一步。

正因为严格规范，翟婉明指导的很多学生在轨道交通领域都能独当一面。像陈兆玮，读博时就参加了“973”项目课题，现在他已接过恩师衣钵，在重庆交通大学执教，而他的师兄部永杰，30多岁就在中铁第四斟察设计院集团有限公司担当重任，负责京沪高铁轨道总体设计。

第五章 群星璀璨

一、“两弹一星”元勋

“两弹一星”元勋是指为中国“两弹一星”事业作出突出贡献的23位科学家。1999年9月18日，在庆祝中华人民共和国成立50周年之际，党中央、国务院、中央军委决定，对当年为研制“两弹一星”作出突出贡献的23位科技专家予以表彰，授予于敏、王大珩、王希季、朱光亚、孙家栋、任新民、吴自良、陈芳允、陈能宽、杨嘉墀、周光召、钱学森、屠守锷、黄纬禄、程开甲、彭桓武“两弹一星功勋奖章”，追授王淦昌、邓稼先、赵九章、姚桐斌、钱骥、钱三强、郭永怀“两弹一星功勋奖章”。其中，吴自良、姚桐斌、陈能宽3人为西南交通大学校友。

吴自良（1917—2008），1980年当选为中国科学院学部委员，曾任北方交通大学唐山工学院（西南交通大学曾用名）冶金系教授。20世纪60年代，吴自良抱着“国家的需要就是我的研究方向”的信念，夜以继日，带领工作团队成功研制原子弹“心脏”——“甲种分离膜”的核心元件，打破了美苏技术封锁，使我国成为继美、英、苏后第4个独立掌握浓度铀生产技术的国家，为独立自主、自力更生发展中国核武器和核工业作出了重要贡献。吴自良曾获国家技术发明奖一等奖、国家科学技术进步奖特等奖、何梁何利科学与技术进步奖等奖项。

图5-1　吴自良

姚桐斌（1922—1968），1941 年，姚桐斌以优异成绩，被武汉大学、湖南大学、中正大学（南昌大学等校前身）、湘雅医科大学（中南大学湘雅医学院）、国立交通大学唐山工程学院（西南交通大学曾用名）等 7 所大学同时录取。出于对矿冶专业的酷爱，他毅然选择了当时播迁贵州平越的国立交通大学唐山工程学院。姚桐斌是我国航天材料与工艺技术的奠基者，新中国第一代航天材料工艺专家和技术领路人，一直从事导弹与航天材料、工艺技术的组织领导、研究和试验工作，为我国导弹与航天事业发展作出了卓越贡献。1968 年，在“文化大革命”中，姚桐斌被无端毒打，不幸逝世。1983 年，被追认为革命烈士。

图 5-2　姚桐斌

陈能宽（1923—2016），1980 年当选为中国科学院学部委员。1942 年，陈能宽以优异成绩被保送至国立交通大学贵州分校（西南交通大学曾用名）矿冶系。陈能宽是金属物理学家、我国核武器事业的奠基人之一、我国核武器爆轰物理学的开拓者。他在我国第一颗原子弹、氢弹及核武器的研制中，主要领导组织核装置爆轰物理、炸药和装药物理化学、实验核物理等学科领域的研究工作，为我国核武器的研制和国防尖端科学技术的发展立下赫赫功勋。他曾获国家自然科学奖一等奖、国家技术发明奖二等奖、国家科学技术进步奖特等奖、何梁何利科学与技术进步奖等奖项；1999 年受聘为西南交通大学名誉教授。

图 5-3　陈能宽

二、师生校友中产生的海内外院士

院士是学术界的最高荣誉称号。1955 年，中国科学院选聘学部委员（1994 年改称院士）233 人，华罗庚、苏步青、竺可桢、茅以升等 46 位著名科学家进入新中国第一批院士（学部委员）的行列。1994 年，中国工程院开始选聘院士，其中一些人身兼两院院士。

西南交通大学建校以来，始终秉承“灌输文化尚交通”的历史使命，培养和造就了以茅以升、竺可桢、林同炎等为代表的一大批彪炳史册的科学泰斗，师生中先后走出了 62 名海内外院士。尤其值得一提的是，“文化大革命”结束以后，轨道交通领域当选的两院院士几乎都曾在西南交通大学求学。

图 5-4　钱崇澍

钱崇澍（1883—1965），1955 年当选为中国科学院学部委员。1909 年，钱崇澍从邮传部上海高等实业学堂（上海交通大学、西安交通大学曾用名）毕业后被保送至唐山路矿学堂（西南交通大学曾用名）学习。钱崇澍是我国著名的植物学家、教育家，也是我国近代植物学的奠基人与开拓者之一，我国植物分类学、植物生理学、地植物学、植物区系学的创始人之一。他毕生从事植物学研究、教育和组织工作，是第一位用拉丁文发表植物新种的中国科学家，是我国最早研究植物生理学的学者，是最早研究中国植物生态学的学者。

竺可桢（1890—1974），1955 年当选为中国科学院学部委员。1909 年考入唐山路矿学堂土木工程系。1910 年，公费留美学习。竺可桢是我国近代气象学家、地理学家、教育家，我国近代地理学和气象学的奠基者。1936 年起，任浙江大学校长，历时 13 年。掌校期间，浙江大学声誉大增。竺可桢始终关注并尽毕生之力开展气候变化研究，为我国历史气候学、现代气象科学等的奠基、创建和发展作出了卓越贡献。西南交通大学现设有竺可桢书院。

图 5-5　竺可桢

茅以升（1896—1989），1955 年当选为中国科学院学部委员，1982 年当选为美国国家工程院外籍院士。1911 年考入唐山路矿学堂土木工程系，并作为最年轻的研究生赴美国康奈尔大学学习。他曾先后四次出任学校校长，特别在母校发展关键时期力挽狂澜，与师生风雨同舟、共克时艰。茅以升是著名的土木工程学家、桥梁专家、工程教育家，曾主持修建我国第一座公路铁路兼用的现代化大桥——钱塘江大桥，其“造桥、炸桥、复桥”壮举堪称“赤子报国”典范，树立了我国桥梁建筑史上的一座里程碑。2019 年，茅以升获“新中国最美奋斗者”称号。

图 5-6　茅以升

图 5-7　刘仙洲

刘仙洲（1890—1975），1955 年当选为中国科学院学部委员。1931—1932 年曾任教于交通大学唐山工程学院（西南交通大学曾用名）。刘仙洲是我国著名的机械学家和机械工程教育家，中国科学史事业的开拓者。他倡导“工读协作制”的教育思想，自编我国工科大学第一套教科书，首先进行了我国机械工程名词统一工作，奠定了我国机械工程教育的基础。1955 年，他以 65 岁高龄加入了中国共产党，是中华人民共和国成立后最早入党的知名老教授，在国内外引起强烈反响，带动了一大批著名专家入党。

李俨（1892—1963），1955 年当选为中国科学院学部委员。1912 年考入唐山铁路学校（西南交通大学曾用名）土木工程系，与著名桥梁专家茅以升、著名社会活动家杨杏佛、著名数学教育家黄寿恒是同窗契友。李俨是我国著名的历史学家、中国古代数学史研究专家、中国科学史事业的开拓者。他以毕生之精力搜求古代数学典籍，藏书之丰富堪称海内独步，其中有不少稀世珍本。他一生所发表的论著总计在 1000 万字以上，大都是在繁忙的千里铁道建设工地上，利用业余时间一点一滴逐渐积累完成的。这种锲而不舍、数十年如一日的精神，值得后人学习。

图 5-8　李俨

朱物华（1902—1998），1955 年当选为中国科学院学部委员。1930—1931 年任教于交通大学唐山工程学院。朱物华是我国著名的无线电子学家、水声工程专家，是我国近代散文家、诗人、学者、民主战士朱自清的弟弟。朱物华自 1927 年开始教学研究工作，70 多年间为国家培养了大批杰出人才，如江泽民、杨振宁、朱光亚、邓稼先、马大猷、严恺、刘恢先、张维等都是国内外知名的专家、学者和栋梁之材。

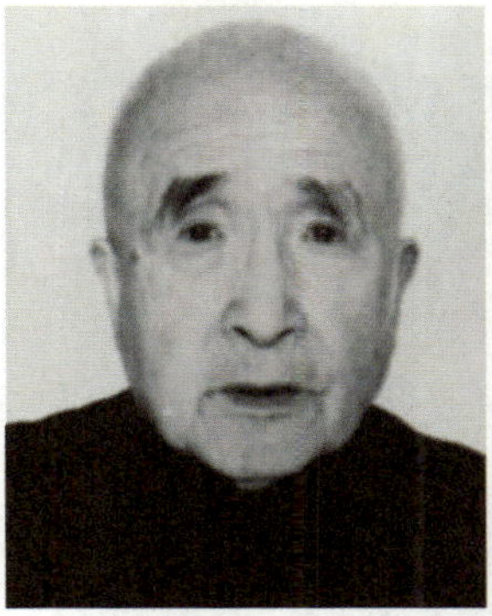
图 5-9　朱物华

汪菊潜（1906—1975），1955 年当选为中国科学院学部委员。1923 年由交通部南洋大学（上海交通大学、西安交通大学曾用名）转入交通部唐山大学（西南交通大学曾用名）土木工程系。他是我国著名的铁路桥梁工程专家，毕生致力于铁路桥梁工程实践，主持设计、施工并成功地抢修了包括钱塘江大桥和郑州黄河老桥在内的多座桥梁；参加并主持建造南京长江火车轮渡北岸栈桥工程；会同苏联专家组主持武汉长江大桥技术工作，并为南京长江大桥的建成把关开路。此外，他还在人民大会堂修建、怀仁堂大修加固和我国第一颗原子弹爆炸固定装置的结构安全方面作出了重大贡献。

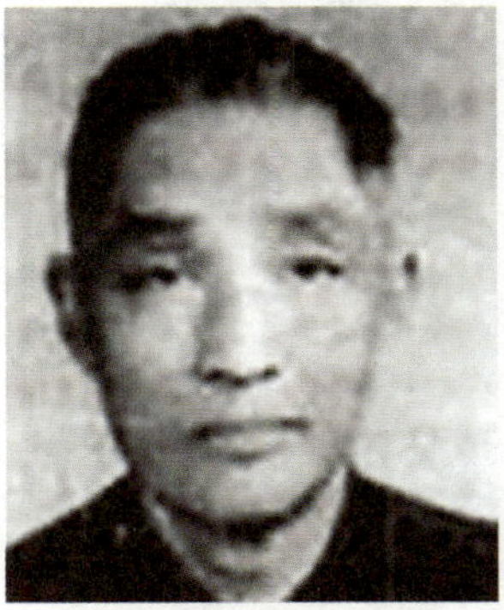
图 5-10　汪菊潜

图 5-11　严恺

严恺（1912—2006），1955 年当选为中国科学院学部委员，1991 年当选为墨西哥科学院外籍院士，1995 年当选为中国工程院院士。1929 年考入交通大学唐山工程学院土木工程系。严恺是世界著名的水利海岸工程学家、河海大学创始人。他终生致力于我国大江大河治理和海岸带综合开发利用，开创了我国淤泥质海岸研究事业，为建立海岸动力学、海岸动力地貌学打下了坚实基础，在长江葛洲坝和三峡枢纽工程建设、长江口和太湖流域综合治理等工程、全国海岸带和海涂资源综合利用等领域取得了影响深远的学术成就，为全国水利建设及水利教育事业发展作出了重大贡献。严恺曾获国家科学技术进步奖一等奖、何梁何利科学与技术进步奖等奖项。

图 5-12　张维

张维（1913—2001），1955 年当选为中国科学院学部委员，1994 年当选为中国工程院院士。张维 1929 年考入交通大学唐山工程学院土木工程系，是我国著名固体力学家、结构力学和工程教育专家。他长期从事结构力学和固体力学的教学和科研工作，为我国培养力学人才作出了积极贡献；1983 年创办深圳大学。2013 年，时值张维 100 周年诞辰之际，张维院士纪念雕塑在西南交通大学犀浦校区 1 号教学楼侧正式揭幕落成。

林同炎（1912—2003），1967 年当选为美国国家工程院院士，1996 年当选为中国科学院外籍院士。1927 年，林同炎被清华大学和交通部唐山大学同时录取，最后他选择了交通部唐山大学土木工程系。他是世界闻名的土木工程结构大师，预应力混凝土理论及设计领域的奠基人之一，被誉为“预应力先生”。他将“预应力混凝土”等很多先进的理念和技术应用于工程实践，其设计建造的美洲银行大厦在 1972 年中美洲大地震中安然无恙，遂在建筑工程界声名鹊起；1982 年受聘为西南交通大学名誉教授。

图 5-13　林同炎

高济宇（1902—2000），1980 年当选为中国科学院学部委员。高济宇 1922 年考入交通部唐山大学土木工程系，是我国著名的有机化学家、教育家，在化学领域素有“有机化学之父”之称。他一生致力于有机化学研究和教学，执教生涯近 70 年。1980 年当选的中国科学院化学部学部委员中，有 9 位是他直接培养出来的学生，如高分子化学家黄葆同、物理化学家楼南泉等。

图 5-14　高济宇

图 5-15　张伯声

张伯声（1903—1994），1980 年当选为中国科学院学部委员。1931—1932 年任教于交通大学唐山工程学院。张伯声是我国著名的构造地质学家、大地构造学家、地质教育家，中国地质学界五大构造学派之一——“地壳波浪状镶嵌构造学说”的创始人，曾获“全国优秀教师”等称号。

图 5-16　方俊

方俊（1904—1998），1980 年当选为中国科学院学部委员。方俊 1923 年考入交通部唐山大学土木工程系，是我国著名的大地测量与地球物理学家、中国大地重力学和地球形状学的创始人、固体潮研究的开拓者。他长期致力于地图投影及地球重力学研究，提出平均异常和方格模板的改进方法，也称为“方俊模板”。他率先开拓大地重力学，为我国国民经济和国防建设作出了重大贡献。

魏寿昆（1907—2014），1980 年当选为中国科学院学部委员。1946—1947 年任教于国立唐山工学院（西南交通大学曾用名）。魏寿昆是我国著名的冶金学和冶金物理化学家、冶金教育家、我国冶金物理化学学科创始人之一。他在冶金热力学理论及其应用中获得多项重大成果，首次提出“转化温度”概念及运用活度理论，为红土矿脱铬、金川矿提镍、包头矿提铌、攀枝花钒钛磁铁矿提钒、华南铁矿脱砷、贫锰矿脱磷等多反应中金属的提取和分离工艺奠定了理论基础，并在国内率先开拓固体电池直接快速定氧技术；曾获国家自然科学奖三等奖、何梁何利科学与技术进步奖等奖项。

图 5-17　魏寿昆

袁见齐（1907—1991），1980 年当选为中国科学院学部委员。1948 年受聘担任国立唐山工学院矿冶系教授。1952 年，因全国院系调整，袁见齐被调至北京地质学院（中国地质大学曾用名）任教。袁见齐是我国著名的地质学家，是我国盐类矿床研究的开拓者。他主要从事矿床和水文工程地质工作，系统研究了云南和南京等地矿产资源，调查湘黔铁路沿线以及新疆、青海、甘肃和宁夏等省区地质状况，在盐矿地质研究方面建树尤丰。1981 年，他以 74 岁高龄加入中国共产党。

图 5-18　袁见齐

图 5-19　周惠久

周惠久（1909—1999），1980 年当选为中国科学院学部委员。周惠久 1927 年考入交通部唐山大学土木工程系。周惠久是我国著名的金属材料学家、力学性能及热处理学家、教育家。他长期致力于金属材料、热加工、热处理、材料强度等方面研究，创立多次冲击抗力理论，在低碳马氏体的理论和应用方面作出贡献，对我国材料强度学科的建立起了推动作用。他还曾获国家自然科学奖三等奖、国家科学技术进步奖一等奖等奖项。

图 5-20　刘恢先

刘恢先（1912—1992），1980 年当选为中国科学院学部委员。刘恢先 1929 年考入交通大学唐山工程学院土木工程系；1933 年毕业留校任教。刘恢先是我国著名的结构工程与地震工程专家，中国地震工程学的奠基人之一，被称为“世界地震工程之父”。他长期从事桥梁设计工作和结构理论研究，在地震工程方面有很深造诣。他创建并领导了我国第一个地震工程研究中心，首先提出了“小震不坏，大震不倒”的建筑物抗震设计思想。他曾获国家科学技术进步奖二等奖等奖项。2013 年，刘恢先院士雕像在西南交通大学犀浦校区 2 号教学楼侧落成揭幕。

陈新民（1912—1992），1980 年当选为中国科学院学部委员。1935—1938 年任教于交通大学唐山工程学院。陈新民是我国著名的冶金过程物理化学家、我国有色金属冶金教育的开拓者、中南矿冶学院（中南大学前身）首任院长。他致力于冶金物理化学的教学科研，特别是热力学和动力学方面的研究工作，对我国冶金过程物理化学的学术发展作出了贡献。他对火法冶金、湿法冶金、氯化冶金及熔体热力学理论有深入的研究。他的"金属-氧系热力学和动力学""高温熔体物理化学性质"等研究成果，为我国有色金属的开发和综合利用提供了理论依据。

图 5-21　陈新民

王鸿祯（1916—2010），1980 年当选为中国科学院学部委员。王鸿祯 1948 年起任教于国立唐山工学院。王鸿祯是我国地层古生物事业的开创者之一、新中国地层古生物教育事业的开拓者之一、历史大地构造学的奠基人之一。他建立了四射珊瑚的系统分类和演化阶段；提出了以年代地层和岩石地层为主的地层分类观点；提出了构造名词体系和中国及全球的构造单元和构造阶段的划分；提出了以泛大陆为准的大陆聚散周期和地球史上不同级别的节律及其可能的天文控制因素；进行了全球古大陆再造研究，形成了全球构造活动论和历史发展阶段论相结合的地球史观。王鸿祯曾获国家自然科学奖一等奖、何梁何利科学与技术进步奖、李四光地质科学奖特别奖等奖项。

图 5-22　王鸿祯

图 5-23　曹建猷

曹建猷（1917—1997），1980 年当选为中国科学院学部委员。1951 年学成归国后来校任教直至逝世。曹建猷是我国著名的铁道电气化专家，铁道牵引电气化与自动化学科创始人。他长期致力于中国高等教育和铁道电气化的开发研究。20 世纪 50 年代初，为适应中国铁路电气化的需要，他创办了中国铁路电气化专业，培养了数以千计的专门人才。他在制定中国铁道电气化采用“单相工频交流电压制”决策和在牵引供电系统的理论研究上作出了突出贡献。1987 年，古稀之年的曹建猷加入中国共产党，被广为传颂。他曾获国家科学技术进步奖三等奖等奖项。2016 年，适逢曹建猷百年诞辰，曹建猷院士雕塑在犀浦校区 10 号教学楼前落成。

图 5-24　张沛霖

张沛霖（1917—2005），1980 年当选为中国科学院学部委员。1936 年，他被北京大学和交通大学唐山工程学院同时录取，他选择了交通大学唐山工程学院矿冶工程系。张沛霖是我国著名的物理冶金学家、中国科学院金属研究所创始人之一、我国核燃料事业的主要奠基者之一。他长期致力于新材料特别是核材料科学研究，为我国原子弹、氢弹研制，核电事业核材料方面研究作出了突出贡献。他曾获国家发明奖二等奖、国家科学技术进步奖特等奖等奖项。

严东生（1918-2016），1980 年当选为中国科学院学部委员，1993 年当选为第三世界科学院院士，1994 年当选为中国工程院院士。严东升 1951—1955 年任教于唐山铁道学院（西南交通大学曾用名），是我国著名的材料科学家、我国无机材料科学技术的奠基人和开拓者之一，被国际无机材料科学界誉为最有影响的学术领导人之一。他长期致力于材料科学研究，在高性能无机材料研究方面成就卓著，在高温结构陶瓷、陶瓷基复合材料、人工晶体、特种无机涂层等研究领域取得了丰硕成果，研究成果均成功地应用于飞机发动机、人造卫星和远程运载火箭等领域。他曾获国家自然科学奖二等奖、三等奖，国家发明奖一等奖，国家技术发明奖二等奖、三等奖，国家科学技术进步奖二等奖等奖项。

图 5-25　严东生

徐采栋（1919—2016），1980 年当选为中国科学院学部委员。徐采栋 1939 年考入交通大学唐山工程学院矿冶工程系，是我国著名的冶金物理化学家、有色冶金专家。他长期从事有色冶金物理化学的研究，在冶金过程物理化学的学术上有很深造诣，填补了诸多空白，在开发和综合利用我国丰富的矿产资源方面作出了卓越贡献，曾获“全国劳动模范”等称号。

图 5-26　徐采栋

图 5-27　肖纪美

肖纪美（1920—2014），1980 年当选为中国科学院学部委员。肖纪美 1939 年考入交通大学唐山工程学院（西南交通大学曾用名）矿冶工程系，是我国著名的材料科学家、金属学专家和冶金教育家，他长期从事钢铁冶金、金属材料和金属物理的教学和科研工作。在发展铬锰氮不锈耐热钢中，提出合金设计新方法，开创节镍不锈钢的研究；开展工程结构件断裂分析，发展断裂学科；在材料应力腐蚀和氢致开裂研究中获得新成果，为我国冶金科技事业和冶金教育事业发展作出了重要贡献。他曾获国家自然科学奖二等奖等奖项，1997 年受聘为西南交通大学名誉教授。

图 5-28　庄育智

庄育智（1924—1996），1980 年当选为中国科学院学部委员。庄育智 1942 年考入国立交通大学贵州分校矿冶工程系。庄育智是材料科学家、物理冶金学家，开展了钢中非金属夹杂物、鞍钢中板钢夹层来　源、耐热不锈钢相变与变脆等方面的研究，开创了研究难熔金属宇航材料的新领域。他曾获国家自然科学奖三等奖、四等奖，国家科学技术进步奖特等奖等奖项。

邱竹贤（1921—2006），1987 年当选为挪威技术科学院外籍院士，1989 年当选为挪威科学院外籍院士，1995 年当选为中国工程院院士。邱竹贤 1939 年考入交通大学唐山工程学院矿冶工程系。邱竹贤是我国著名的有色金属冶金专家、我国铝冶金教育和科学研究的先驱，被誉为“中国铝材之父”。他长期从事铝电解工业生产和融盐电解、融盐物理化学基础理论及应用技术的研究，大幅度降低了冶金工业中耗电量，产生巨大的经济效益和社会效益，为中国铝工业建设和发展作出了重要贡献。他曾获国家自然科学奖三等奖、国家科学技术进步奖一等奖等奖项。

图 5-29　邱竹贤

林同骅（1911—2007），1990 年当选为美国土木工程院院士、美国国家工程院院士；1996 年当选为中国科学院外籍院士。林同骅 1929 年考入交通大学唐山工程学院土木工程系；1934 年赴美学习飞机制造；1937 年学成回国后，参与设计我国第一架长距离飞行的“C1010 号运输机”，为我国航空事业发展作出了突出贡献。抗日战争胜利后，林同骅赴美，在加利福尼亚大学洛杉矶分校任教，是该校第一位华裔教授。林同骅是著名航空及工程力学家，他和美国国家工程院院士、中国科学院外籍院士的林同炎，中国科学院学部委员林同骥一起被誉为“兄弟三院士”；1993 年受聘为西南交通大学名誉教授。

图 5-30　林同骅

图 5-31　卢肇钧

卢肇钧（1917—），1991 年当选为中国科学院学部委员。卢肇钧 1950—1952 年任教于北方交通大学唐山工学院。卢肇钧是我国著名的土力学家、铁路路基土工技术主要开拓者之一。他长期从事土的基本性质及特殊土地区筑路技术的研究。在我国最早阐明了硫酸盐渍土的松胀特性及其对路基稳定性的影响；提出了新型锚定板挡土结构及其相应的计算理论；首先获得了膨胀土强度变化的规律，并发现非饱和土的吸附强度与膨胀压力的相互关系。

图 5-32　林秉南

林秉南（1920—2014），1991 年当选为中国科学院学部委员。林秉南 1938 年考入交通大学唐山工程学院土木工程系，毕业后留校任教。林秉南是我国著名的水力学与河流动力学家，长期从事水力学与河流动力学的理论与应用研究，为我国水利学科发展以及水利科技走向国际、为解决三峡工程的泥沙问题等作出了重大贡献，为我国水利水电事业培养了众多优秀人才。他曾获国家科学技术进步奖二等奖等奖项。

徐僖（1921—2013），1991 年当选为中国科学院学部委员。徐僖 1945 年任教于国立交通大学贵州分校。徐僖是我国高分子材料学家、高分子材料学科的开拓者和奠基人之一，长期从事高分子力化学、高分子材料成型基础理论、油田化学以及辐射化学等领域的研究，被誉为“中国塑料之父”和“学科领路人”，在国内高分子领域创造了多个第一。他曾获国家自然科学奖二等奖、国家发明奖等奖项，2001 年受聘为西南交通大学名誉教授。

图 5-33　徐僖

余国琮（1922— ），1991 年当选为中国科学院学部委员，著名化工蒸馏专家、化学工程学家、教育家。1950—1952 年，余国琮受茅以升校长邀请到北方交通大学唐山工学院任教；1952 年，因全国院系调整被调至天津大学任教。余国琮长期从事化工分离科学与工程研究，是我国蒸馏学科的开拓者之一。他的蒸馏模拟理论与高效蒸馏设备相结合的综合技术已大量应用于工业蒸馏，取得巨大经济效益。他曾获全国“五一劳动奖章”“全国优秀科研工作者”等称号，国家科学技术进步奖二等奖、三等奖，何梁何利科学与技术进步奖等奖项。

图 5-34　余国琮

图 5-35　沈志云

沈志云（1929—），1991 年当选为中国科学院学部委员，1994 年当选为中国工程院院士。1949 年，沈志云以优异成绩被国立唐山工学院、清华大学、武汉大学同时录取，他毫不犹豫选择就读被誉为“东方康奈尔”的唐山工学院的机械工程系，毕业后留校任教至今。沈志云是我国著名的机车车辆动力学专家，在机车车辆动力学尤其是轮轨动力学、运动稳定性、曲线通过理论和随机响应等研究方面成绩卓著。沈志云于 1983 年发表的“非线性轮轨蠕滑力计算理论”，在国际上通称“沈氏理论”，被广泛引用。他曾获国家级教学成果奖一等奖、国家科学技术进步奖一等奖、詹天佑铁道科学技术奖成就奖、何梁何利科学与科技进步奖等奖项。

图 5-36　经福谦

经福谦（1929—2012），1991 年当选为中国科学院学部委员。2001—2006 年担任西南交通大学理学院院长。经福谦是我国实验内爆动力学、高压凝聚态物理研究领域的开拓者之一，曾领导并亲自参加了中国利用地下核爆炸条件的超高压物态方程的实验研究等工作，为发展我国高能量密度聚能系统设计技术和冲击波极端条件下物质性态研究作出了贡献。他曾作为主要技术负责人，参加了大庆油田会战初期地震勘探资料综合分析工作。

刘宝珺（1931—），1991 年当选为中国科学院学部委员；2001—2005 年担任西南交通大学环境科学与工程学院院长；主要从事沉积学、盆地分析与板块运动、层控矿床、层序地层与事件地质、全球沉积地质、油气储集层的成岩作用与岩相古地理以及生物成矿作用等研究工作，提出了新的沉积相分析和古地理编制方法以及“沉积期后分异作用与成矿作用”的理论。他发表了关于川南碳酸盐风暴岩的研究成果，开创了中国风暴岩研究的先河。他还首次把全球变化的观念引入中国地学研究领域，提出了“统一地质场”理论，为中国沉积学发展作出了不可磨灭的贡献。他曾获首届李四光地质科学奖，以及地质期潘迪亚罗夫奖，是 100 年以来第 20 位获得该殊荣的地质专家，也是中国第一位获得此奖的科学家。

图 5-37　刘宝珺

邹世昌（1931—），1991 年当选为中国科学院学部委员。邹世昌 1950 年由中国纺织工学院（东华大学曾用名）转入北方交通大学唐山工学院冶金工程系。邹世昌是我国著名的材料科学家，他在国内较早开展了离子束材料改性与离子束分析的研究工作，在我国最早将离子注入应用于半导体集成电路，首先建立了离子背散射沟道技术，并应用于半导体材料及器件。他曾获国家科学技术进步奖三等奖、国家发明奖一等奖等奖项；1999 年受聘为西南交通大学名誉教授。

图 5-38　邹世昌

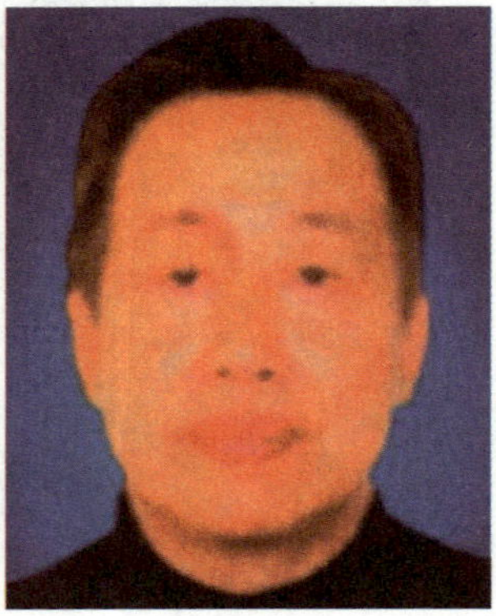

图 5-39　连级三

连级三（1933—），1992 年当选为俄罗斯交通运输科学院通讯院士。连级三 1962 年学成归国后，到唐山铁道学院任教。连级三是我国著名的电力牵引与磁悬浮列车专家，是我国电力机车事业成长期间的中坚人物，也是我国磁浮铁路起步的开创人物，对我国磁浮铁路的发展作出了不可磨灭的贡献。他曾获“全国优秀教师”等称号、国家科学技术进步奖三等奖等奖项。

图 5-40　顾夏声

顾夏声（1918—2012），1995 年当选为中国工程院院士。顾夏声 1949 年学成归国后，任教于北方交通大学唐山工学院；1952 年因全国院系调整，调至清华大学任教。顾夏声是我国市政工程与环境工程教育事业的主要开创者和奠基人。他长期从事教学和科研工作，在国内外首次提出 UASB 反应器内厌氧颗粒污泥的结构模型和颗粒污泥形成机理的“晶核生长”学说。他曾获国家科学技术进步奖三等奖等奖项。

徐祖耀（1921—2017），1995 年当选为中国科学院院士。徐祖耀 1949—1953 年任教于北方交通大学唐山工学院。徐祖耀是我国著名的材料科学家、教育家。他潜心于材料科学研究与教学逾 70 年，成果迭出，对材料相变的研究颇见成效，在相变热力学、马氏体和贝氏体相变等领域作出了卓越贡献。他率先在我国开展纳米材料相变的研究，是我国研究开发形状记忆材料的先驱者，也是材料热力学研究和教材建设的倡导人和执行者。他曾获国家自然科学奖三等奖、国家科学技术进步奖三等奖、何梁何利科学与技术进步奖等奖项。

图 5-41　徐祖耀

龙驭球（1926— ），1995 年当选为中国工程院院士。龙驭球 1944 年考入国立交通大学贵州分校，大学二年级转学到西南联大。龙驭球是我国著名的土木工程和结构力学专家、教育家。他长期从事结构力学、有限元法、能量原理、壳体结构的教学和科研工作，在分区和分项能量原理、分区混合有限元、四边形面积坐标理论、厚板层合板无闭锁理性元和解析试函数有限元等方面取得多项国内外首创成果，在工程应用方面取得显著成效。他曾获国家自然科学奖二等奖、国家科学技术进步奖二等奖、光华工程科技奖等奖项；1993 年受聘为西南交通大学名誉教授。

图 5-42　龙驭球

图 5-43　陈清如

陈清如（1926—），1995 年当选为中国工程院院士。陈清如 1948 年考入国立交通大学贵州分校矿冶工程系；1952 年毕业留校任教；同年因全国院系调整，被调至中国矿业学院（中国矿业大学曾用名）任教。陈清如是我国选矿科技和教育领域的奠基者和开拓者之一，他率先提出了“空气重介质流化床干法选煤”，被称为世界选煤工艺的一次重大革新，也被誉为“干法选煤之父”。他曾获全国“五一劳动奖章”“全国优秀教育工作者”等称号，获得国家科学技术进步奖二等奖、国家发明奖三等奖等奖项。

图 5-44　彭一刚

彭一刚（1932—），1995 年当选为中国科学院院士。彭一刚 1950 年考入北方交通大学唐山工学院建筑工程系。1952 年因全国院系调整，被调至北京铁道学院（北京交通大学曾用名）学习，后又调入天津大学学习。彭一刚是我国著名的建筑专家，长期从事建筑美学及建筑创作理论研究，主要设计作品有天津大学建筑馆、王学仲艺术研究所、天津水上公园熊猫馆、山东省平度市公园、山东省威海市刘公岛甲午海战纪念馆、伦敦中国城等。

王梦恕（1938—2018），1995 年当选为中国工程院院士。王梦恕 1956 年考入唐山铁道学院桥梁工程系。我国著名的隧道及地下工程专家，他长期从事隧道及地下工程的理论、科学试验、新技术、新方法、新工艺的开发，以及指导设计、施工方面的研究，开拓了铁路隧道复合衬砌新型结构领域的理论研究，实现了大断面、大型机械化快速施工，改变了我国近百年的隧道设计施工方法，使长大隧道修建技术有了重大突破。王梦恕长期关注中国高铁发展，因主持参与中国高铁的研发，被誉为“高铁院士”。他因个性率直，敢于直言，被媒体称为“中国铁路代言人”。他曾获国家科学技术进步奖特等奖、二等奖、三等奖，詹天佑铁道科学技术奖成就奖等奖项；1995 年受聘为西南交通大学顾问教授。

图 5-45　王梦恕

佘峻南（1916—1998），1997 年当选为中国工程院院士。佘峻南 1937 年考入交通大学唐山工程学院建筑工程系。佘峻南是我国著名的建筑设计大师、建筑学家。他努力探索、总结和发展我国南方的建筑风格，将我国传统的庭园空间组织与国外建筑注重使用功能的长处熔于一炉，在建筑风格和艺术上不断创新，形成既有中国南方特色又具现代色彩的建筑设计风格。他先后主持了中国驻西德、挪威、瑞士、澳大利亚、泰国、塞浦路斯、希腊等国的使馆设计，在国外享有盛誉，曾获“全国工程勘察设计大师”等称号。1985 年受聘为西南交通大学兼职教授。

图 5-46　佘峻南

图 5-47　谭靖夷

谭靖夷（1921—2016），1997 年当选为中国工程院院士。谭靖夷 1941 年被保送到交通大学唐山工程学院（西南交通大学曾用名）土木工程系。他是我国著名的水利水电工程施工专家，被誉为“从江河里走来的院士”。他长期从事水利水电工程建设，首创了有中国特色的高压灌浆等一系列新技术，为岩溶发育地区兴建高坝大库开辟了道路。他曾获国家科学技术进步奖一等奖、光华工程科技奖等奖项。

图 5-48　钱清泉

钱清泉（1936— ），1997 年当选为中国工程院院士。钱清泉于 1956 年考入唐山铁道学院电力铁道供电专业，毕业后留校任教至今。钱清泉是我国著名的铁道电气化与自动化专家，他长期从事铁道电气化与自动化领域的科研与教学工作，开拓了“铁道微机监控与综合自动化”的研究方向，位居电气化铁道监控技术研究领域的前沿，解决了工程科技中的一系列重大技术难题，研究成果丰硕，为铁道电气化与自动化学科发展作出了杰出贡献。他曾获全国“五一劳动奖章”“全国优秀教师”“全国优秀教育工作者”等称号，国家科学技术进步奖三等奖等奖项。

施仲衡（1930—），1999 年当选为中国工程院院士。施仲衡于 1950 年考入北方交通大学唐山工学院桥梁隧道系；1953 年毕业后留校任教。同年参加了学校第三批抗美援朝工程队，开赴朝鲜战场。施仲衡是我国著名的地下铁道专家，承担了中国第一条地铁的设计施工。施仲衡于 1994 年受聘为西南交通大学顾问教授，2000 年受聘为西南交通大学名誉教授。

图 5-49　施仲衡

薛禹群（1931—），1999 年当选为中国科学院院士。薛禹群 1949 年考入北方交通大学唐山工学院采矿工程系。薛禹群是我国著名的水文地质学家、地下水动力学家。他长期从事水文地质的教学和研究工作，特别是在地下水动力学、地下水数值模拟、地面沉降模拟等领域的研究独树一帜，对推动中国地下水动力学研究和水文地质学科发展作出了重要贡献。薛禹群于 2001 年受聘为西南交通大学名誉教授。

图 5-50　薛禹群

图 5-51　王三一

王三一（1929—2003），2001 年当选为中国工程院院士。王三一 1948 年考入国立交通大学贵州分校土木工程系。1953 年，因全国院系调整，他转入清华大学学习，师从著名水利学家黄万里、范治纶等。王三一是我国著名的水工结构设计专家，多次成功地设计了不同类型的高坝和岩溶地区高水头水库，开创了中国建筑高薄拱坝和在石灰岩地区复杂地质条件下修建高坝的先例。他曾获“全国工程勘察设计大师”等称号，国家科学技术进步奖一等奖等奖项。

图 5-52　葛昌纯

葛昌纯（1934— ），2001 年当选为中国科学院院士。葛昌纯 1949 年考入中国交通大学唐山工学院（西南交通大学曾用名）。葛昌纯是我国著名的粉末冶金和先进陶瓷专家。他长期从事材料科学研究工作，在气体扩散法生产浓缩铀用的分离膜研制、先进陶瓷研究、气固系燃烧合成氮化物基陶瓷的研究和耐高温等离子体冲刷的功能梯度材料研究等方面贡献突出，为我国“两弹一星”事业作出了重大贡献。他曾获国家发明奖一等奖等奖项。

何华武（1955—），2009 年当选为中国工程院院士。何华武 1977 年毕业于西南交通大学铁道运输专业，是我国著名的铁道工程专家、中国高铁技术主创人和主要实施推广人之一。他长期从事铁路工程、运输技术工作和铁路科技研究与应用，为建立中国高铁技术标准体系，使之达到国际先进水平，推动中国高铁技术及装备“走出去”作出了突出贡献。他曾获“全国创新争先奖牌”等称号，国家科学技术进步奖特等奖、一等奖、二等奖，詹天佑铁道科学技术奖大奖、何梁何利科学与技术进步奖等奖项。

图 5-53　何华武

任辉启（1953—），2015 年当选为中国工程院院士。任辉启 1997 年毕业于西南交通大学工程力学专业，获博士学位。任辉启是我国武器毁伤效应与工程防护专家，长期从事防护工程科研工作，具有坚实的基础理论知识和丰富的科研实践经验，在武器破坏效应、工程防护技术、应用基础研究等方面取得了多项创新性研究成果。他曾获国家自然科学奖二等奖、国家技术发明奖二等奖、国家科学技术进步奖二等奖等奖项。

图 5-54　任辉启

图 5-55　丁荣军

丁荣军（1961—），2011 年当选为中国工程院院士。丁荣军 1980 年考入西南交通大学电力机车专业。丁荣军是我国著名的电力电子及控制技术专家，是中国轨道交通牵引电传动和网络控制技术领域的权威专家和领军人物；曾主持交流传动系统及高性能控制技术研究与应用，创建了适合中国国情的标准体系并与国际接轨的技术模式。他曾获“全国劳动模范”等称号，获国家技术发明奖二等奖、国家科学技术进步奖二等奖、何梁何利科学与技术进步奖、詹天佑铁道科学技术奖成就奖等奖项。

图 5-56　翟婉明

翟婉明（1963—），2011 年当选为中国科学院院士。翟婉明 1981 年考入西南交通大学内燃机专业，毕业后留校任教至今。翟婉明是我国著名的铁路工程动力学专家，长期从事轨道交通工程动力学与振动研究，开拓了铁路大系统动力学研究新领域；在国际上首先提出并系统建立了“车辆-轨道耦合动力学”新理论，开创了铁路大系统动力学学科新领域；曾获全国“五一劳动奖章”“全国创新争先奖状”等称号，获国家科学技术进步奖一等奖、国家科学技术进步奖二等奖，何梁何利科学与技术创新奖等奖项，研究成果先后两次入选“中国高等学校十大科技进展”。

余海岁（1964—），2011 年当选为英国皇家工程院院士。余海岁 1985 年考入西南交通大学铁路桥梁专业，攻读硕士学位。他现任英国诺丁汉大学副校长，是诺丁汉大学有史以来第一位华人副校长，也是世界百强名校中极少数华人副校长之一。

图 5-57　余海岁

秦顺全（1963—），2009 年当选为中国工程院院士。秦顺全 1980 年考入西南交通大学铁道工程专业；1987 年桥梁、隧道及结构工程专业毕业，获硕士学位；现任第十三届全国人大常委会委员、湖北省政协副主席。秦顺全长期从事大型桥梁的设计、施工技术工作，主持了京沪高速铁路南京大胜关长江大桥、京广客运专线郑州黄河公铁两用大桥、杭州湾跨海大桥、青藏铁路拉萨河特大桥、孟加拉国帕克西大桥等多座国内外大型桥梁的设计、施工技术工作；创立了桥梁分阶段施工的无应力状态控制法理论，创新了大型桥梁结构工厂化、标准化施工方法，推进了跨海长桥和铁路客运专线桥梁整体预制、架设技术的发展，为我国桥梁事业的发展作出了重要贡献。他曾获国家科学技术进步奖特等奖、一等奖、二等奖，詹天佑铁道科学技术奖成就奖等奖项。

图 5-58　秦顺全

图 5-59　田红旗

田红旗（1959—），2015 年当选为中国工程院院士。1994 年考入西南交通大学机车车辆专业攻读博士学位。现任民革中央副主席，中南大学校长。田红旗是轨道交通工程技术专家，在解决中国高速铁路空气动力问题、列车碰撞安全保护技术、恶劣风环境行车安全等方面取得系列原创性和工程应用成果，带领团队完成我国系列已投入运营的流线型列车外形设计，研建青藏铁路大风监测预警与行车指挥系统，建成国内首套列车气动特性动模实验系统，以及国内唯一的轨道车辆实车撞击实验系统。她曾获国家技术发明奖二等奖、国家科学技术进步奖二等奖、何梁何利科学与技术进步奖、詹天佑铁道科学技术奖成就奖等奖项。

图 5-60　李树深

李树深（1963—），2015 年当选为中国科学院院士、发展中国家科学院院士；现任中国科学院党组成员、副院长，中国科学院大学党委书记、校长。李树深 1986 年考入西南交通大学固体物理专业，攻读硕士学位。李树深是半导体器件物理专家，长期从事半导体低维量子结构中的器件物理基础研究，提出了研究半导体耦合量子点（环）电子态结构的一种物理模型，理论上确定了半导体量子点可以吸收垂直入射光，发现了半导体量子点电荷量子比特真空消相干机制，发展了电子通过半导体量子点的量子输运数值计算方法。他曾获国家自然科学奖二等奖、何梁何利科学与技术进步奖等奖项。

卢春房（1956— ），2017 年当选为中国工程院院士。1978 年考入西南交通大学铁道工程专业。卢春房是铁路建设管理专家，原铁道部副部长、中国铁路总公司原副总经理，长期从事铁路建设管理和科技创新工作，2005 至 2016 年间是中国高速铁路建设的实际组织者；曾先后任青藏铁路、京沪高速铁路建设总指挥部指挥长，组织建设我国高铁路网骨架，创立高铁建设标准化管理模式和动态施工组织方法，组织高铁技术一体化自主创新，建立我国高铁设计标准体系，研制 CRTS-Ⅲ型无砟轨道系统等。他曾获全国“五一劳动奖章”、国家科学技术进步奖特等奖等奖项。

图 5-61　卢春房

涂善东（1961— ），2019 年当选中国工程院院士。涂善东 1989 年进入西南交通大学力学所从事博士后研究工作。他从事化工机械及相关学科的教育教学与科学研究。他严谨治学、教书育人，倡导全面工程教育，引起国内外同行积极反响，曾获国家级教学成果奖二等奖、国家科学技术进步奖二等奖等奖项。涂善东于 1996 年受聘为西南交通大学兼职教授。

图 5-62　涂善东

图 5-63　西蒙·洛尼基（Simon Iwnicki）

西蒙·洛尼基（Simon Iwnicki）（1962—），2019 年当选英国皇家工程院院士。Simon Iwnicki 于 1986 年 7 月入校跟随沈志云教授从事为期 4 个多月的非线性动力学研究，是沈志云教授联合培养的博士生。1987 年 9 月—1988 年 1 月，沈志云教授赴英国参与指导 Simon Iwnicki 完成他的博士论文。博士毕业后，Simon Iwnicki 长期关心和支持学校发展，与母校一直保持良好关系。Simon Iwnicki 现任国际车辆系统动力学协会副主席、国际铁路领域一流期刊 *Journal of Rail and Rapid Transit* 主编、*Vehicle System Dynamics* 副主编。Simon Iwnicki 也是翟婉明院士负责的轨道交通工程动力学创新引智基地（“111 计划”）的海外学术骨干。他曾荣获 2019 年度代表英国学术界最高成就之一的女王周年纪念奖。

三、校友中产生的全国工程勘察设计大师

“全国工程勘察设计大师”是中国工程勘察设计行业国家级荣誉称号，每两年组织评选一次。从 1990 年首次评选至今，共有 32 位校友获此殊荣。

图 5-64　刘济源

刘济源（1923—），1990 年被评为“全国工程勘察设计大师”。刘济源 1944 年考入国立交通大学贵州分校土木工程系。他曾任中国交通第一公路勘测设计院副总工程师、副院长等职，主持的“京津塘高速公路工程建设成套技术”项目于 1997 年荣获国家科学技术进步奖一等奖。

陈雨荪（1927—），1990年被评为“全国工程勘察设计大师”。陈雨荪1946年考入国立交通大学贵州分校土木工程系，后因全国院系调整，转至清华大学学习。他首次在我国揭示了“四大储量”理论的缺陷，用数学模型论证了补给量和储存量作为地下水资源的重要组成部分，为“地下水运动和资源评价”奠定了理论基础。

图5-65　陈雨荪

邵厚坤（1929—），1990年被评为“全国工程勘察设计大师”。邵厚坤1947年考入国立交通大学贵州分校结构工程系。邵厚坤是我国预应力混凝土桥梁设计的开拓者，主持了我国第一孔预应力混凝土梁的设计；首次在工程中采用部分预应力混凝土桥梁；指导完成国内首次采用转体施工方法架设的刚性索、槽形梁铁路斜拉桥和设计当时国内外同类桥梁中跨度最大的三跨连续自锚中承式钢管混凝土拱桥，为我国桥梁建设发展作出了重大贡献。他曾获全国“五一劳动奖章”、詹天佑铁道科学技术奖工程奖等奖项。

图5-66　邵厚坤

图 5-67　林在贯

林在贯（1928— ），1990 年被评为“全国工程勘察设计大师”。林在贯 1949 年考入中国交通大学唐山工学院结构工程系。林在贯在工程地质和岩土工程上有深厚学术基础和丰富工程经验，曾担任西北综合勘察设计研究院顾问总工程师。他精通英语和法语，熟悉俄语和日语，掌握多种语言知识，曾参与编写多种语言工具书，是日本出版的五国语言防灾科技辞书的总校阅人。

陈民三（1914—1993），1990 年被评为“全国工程勘察设计大师”。1934 年考入交通大学唐山工程学院土木工程系；中华人民共和国成立后，历任华东建筑工程公司工程师、第一机械工业部第一设计院副总工程师、机械工业部设计研究总院副总工程师、高级工程师等职务。20 世纪 50 年代，在治淮工程中设计了高良涧节制闸、东淝河节制闸、江阴船闸闸门等，为治淮工程作出了积极贡献。

图 5-68　王步云

王步云（1931—2018），1990 年被评为“全国工程勘察设计大师”。王步云 1948 年考入国立交通大学贵州分校结构工程系。他曾任原煤炭工业部太原设计研究院副总工程师等职务。王步云长期从事岩土工程勘察、设计与咨询工作，多次获得国家与省部级优秀工程勘察奖、重大科研成果奖，受到了国内外广泛好评。王步云于 1996 年受聘为西南交通大学顾问教授。

曹克明（1928—），1994 年被评为“全国工程勘察设计大师”。曹克明 1948 年考入国立交通大学贵州分校土木工程系。他学识渊博，工程经验丰富，擅长土石坝及地下工程的设计，特别在面板堆石坝设计方面有很深的造诣。他曾担任原水电部昆明勘测设计院总工程师，主持了天生桥一级、漫湾水电站等工程的勘测设计工作。1982 年，他负责设计的小江工程获“国家优秀工程设计奖”；由于援外工作业绩突出，他于 1986 年获“喀麦隆共和国勋章”。

图 5-69　曹克明

胡惠泉（1917—），1994 年被评为“全国工程勘察设计大师”。胡惠泉 1937 年考入交通大学唐山工程学院土木工程系。他曾任原铁道部第二勘测设计院副总工程师等职务。他突破“禁区”，在复杂地质、险峻山区探索铁路选线技术，主持参加了川黔、贵昆、成昆、南昆等干线及济邯、隆泸、包神等 40 余条地方铁路线的选线设计工作，为铁路建设作出重大贡献。

图 5-70　胡惠泉

图 5-71　史玉新

史玉新（1938— ），1994 年被评为“全国工程勘察设计大师”。他 1965 年考入唐山铁道学院桥隧系隧道及地下铁道专业，攻读硕士学位。他曾任铁道第三勘察设计院总工程师等职务。他长期从事铁路隧道和地下工程的勘测设计和科研工作，先后参加了邯长线、太岚线、太焦线、大秦线及北京地铁等各项重大工程项目，长期奔波在我国隧道和地下工程建设工地，使我国地下工程修建技术跨入了国际先进水平。他曾获全国“五一劳动奖章”“全国优秀科技工作者”等荣誉。史玉新于 1994 年受聘为西南交通大学顾问教授。

马庭林（1944— ），2004 年被评为“全国工程勘察设计大师”。他 1978 年考入西南交通大学工程力学专业，攻读硕士学位。他曾任中铁二院工程集团有限责任公司副总工程师等职，先后在南昆、内昆等 10 余条铁路干线上，主持 20 座桥梁的设计、科研与施工工作，其中，包括获国家“鲁班奖”“詹天佑土木工程大奖”的“世界铁路第一高桥”清水河大桥；获“詹天佑土木工程大奖”的“亚洲第一高桥”花土特坡大桥以及获国家“鲁班奖”“詹天佑土木工程大奖”“国家科学技术进步奖二等奖”等奖项的北盘江大桥等，填补了我国铁路桥梁多项空白，为我国桥梁建设作出了突出贡献。他曾获全国“五一劳动奖章”“詹天佑铁道科学技术奖成就奖”等奖项。

图 5-72　马庭林

王争鸣（1957—），2006 年被评为“全国工程勘察设计大师”。他1978年考入西南交通大学铁道运输专业；2001 年毕业于西南交通大学交通运输工程专业，获工程硕士学位。他曾任原铁道部第四勘测设计院副院长、总工程师，中铁第一勘察设计院集团有限公司董事长、院长等职，主持和参与完成了全国铁路编组站及西北各省铁路网的规划工作，负责主持完成了京沪、武广、哈大、郑西、兰新第二双线等多条高速铁路的重大技术工作，形成了在各种复杂地形环境条件下修建高速铁路的一整套独特的设计理念和指导思想，为我国铁路事业发展作出了突出贡献。他于 1998 年受聘为西南交通大学兼职教授。

图 5-73　王争鸣

徐恭义（1963—），2006 年被评为“全国工程勘察设计大师”。 他 1980 年考入西南交通大学铁道桥梁专业。他现任中铁大桥勘测设计院副总工程师，是我国现代悬索桥设计领域的技术领军人。他长期从事桥梁工程研究、设计工作，致力于大跨度桥梁的工程设计方法研究和建造技术应用实践，推动中国现代悬索桥居国际领先地位，为世界现代悬索桥技术进步与发展作出卓越贡献。他曾获茅以升铁道科学技术人才奖、茅以升铁道工程师奖等，是史上首位获得桥梁工程技术界“诺贝尔奖”——约翰 ·A. 罗布林终身成就奖的中国人，同时也是最年轻的获奖者。

图 5-74　徐恭义

图 5-75　王玉泽

王玉泽（1960—），2008 年被评为“全国工程勘察设计大师”。他 1978 年考入西南交通大学铁道工程专业。他现任中铁第四勘察设计院集团有限公司副院长。他长期从事高速铁路、客运专线的勘察设计、技术研发及规范研究等工作，成功主持或指导了京沪高速铁路、合宁铁路等大批国家重点工程的勘察设计项目。他曾担任京沪高铁总体设计负责人，带领技术团队开创性地完成大量关于高铁的技术攻关及规范编制，填补了我国高铁技术领域的多项空白，其成果广泛应用于高速铁路和客运专线的研究设计。他曾获全国“五一劳动奖章”等奖项。

图 5-76　刘培硕

刘培硕（1955—），2008 年被评为“全国工程勘察设计大师”。他 1977 年考入西南交通大学隧道及地下铁道专业；2002 年毕业于西南交通大学建筑与土木工程专业，获硕士学位。他曾任中铁第一勘察设计院副院长，中铁第五勘察设计院集团有限公司董事长、党委书记等职。他长期从事铁路隧道专业勘察设计工作，专业技术水平精湛，业务能力突出，在铁路勘察设计领域具有极高的造诣。曾主持我国第一条特长铁路隧道——秦岭隧道的勘察设计及多项科研工作，首次在国内隧道工程中采用 TBM 掘进机施工，为推动我国隧道及地下工程建设的科技创新和进步作出了突出贡献。

高宗余（1964—），2011 年被评为“全国工程勘察设计大师”。他 1981 年考入西南交通大学铁道桥梁专业，现任中铁大桥勘测设计院集团有限公司总工程师。他长期从事桥梁工程设计和研究工作，主持了多座大型桥梁工程的设计，在多塔缆索承重桥梁、高速铁路大跨度桥梁新结构、跨海大桥设计方面取得了突出成绩。他曾获“全国创新争先奖章”“全国杰出专业技术人才”“詹天佑铁道科学技术奖成就奖”“茅以升铁道工程师奖”等奖项。

图 5-77　高宗余

王长进（1964—），2011 年被评为“全国工程勘察设计大师”。他 1982 年考入西南交通大学铁道航空勘测专业，现任中国铁路设计集团有限公司副总工程师。他长期从事铁路勘察设计、技术管理和科学研究工作，研究成果在高速铁路建设中发挥了重要作用。他曾获“詹天佑铁道科学技术奖成就奖”“茅以升铁道工程师奖”等奖项。

图 5-78　王长进

图 5-79　蒋先国

蒋先国（1964—），2011 年被评为“全国工程勘察设计大师”。他 1981 年考入西南交通大学铁道电气化专业，曾任中国铁路设计集团有限公司副总工程师。他提出了多项新理论、新概念、新技术和新方法，解决了许多重大、疑难的设计关键技术，在接触网设计、四电系统集成设计、接触网零部件设计以及电气化新技术开发与应用等方面贡献突出，取得了很好的经济、社会效益。他曾获“茅以升铁道工程师奖”等奖项。

图 5-80　冉理

冉理（1951—），2011 年被评为“全国工程勘察设计大师”。他 1997 年毕业于西南交通大学管理科学与工程专业，获博士学位。曾任铁道第一勘察设计院总工程师、副院长等职，青藏铁路的主要设计者之一。他先后主持和参加了青藏铁路、京九线、郑西、哈大、西成等几十条铁路干支线的勘察设计和技术决策工作，特别是在高寒地区的高速铁路和山地、戈壁地区铁路的勘察设计中解决了许多重大技术难题，取得了多项的重大突破。他曾获“茅以升铁道工程师奖”等奖项，2001 年受聘为西南交通大学兼职教授。

杨秀仁（1964—），2016 年被评为“全国工程勘察设计大师”。他 1982 年考入西南交通大学隧道及地下工程专业，现任北京城建设计发展集团股份有限公司总工程师。他长期从事隧道工程、基坑工程、地基基础、工民建等领域的研究，独立承担和负责了北京地铁西单车站、北京西客站地铁工程等大规模、较复杂工程及科研课题的设计和研究工作。

图 5-81　杨秀仁

张敏（1965—），2016 年被评为“全国工程勘察设计大师”。他 1984 年考入西南交通大学土木工程专业，曾任中铁大桥勘测设计院集团有限公司总经理，现任中铁二院工程集团有限责任公司党委书记、董事长。他长期从事桥梁设计、技术研究以及技术创新等方面工作，先后主持和参与了东海大桥、京沪高铁南京大胜关长江大桥、蒙华铁路公安长江大桥（国内首座跨越长江的重载公铁大桥）、福平铁路平潭跨海大桥（国内首座公铁两用跨海大桥）、连镇铁路五峰山长江大桥（世界首座公铁两用高速铁路悬索桥）等重大项目的设计及技术研究工作，获得了一系列重大技术成果。

图 5-82　张敏

朱颖（1963— ），2016 年被评为"全国工程勘察设计大师"。他 1980 年考入西南交通大学铁道工程专业。他曾任中铁二院工程集团有限责任公司副董事长、总经理，现任中国中铁股份有限公司首席设计大师。他长期从事铁路、公路、城市轨道交通工程的勘察、设计和研究工作，研发了"中国智造"无砟轨道技术，构建了复杂艰险山区铁路减灾选线理论与总体设计技术体系，主持中国铁路标准海外适应性研究，推动中国铁路标准国际化，积极为中国高铁"走出去"提供技术支持。曾获全国"五一劳动奖章""詹天佑铁道科学技术奖成就奖"等奖项。

图 5-83　朱颖

肖明清（1970— ），2016 年被评为"全国工程勘察设计大师"。1988 年考入西南交通大学地下工程与隧道工程专业。他 2014 年毕业于西南交通大学桥梁与隧道工程专业，获博士学位。他长期致力于高速铁路隧道、水下隧道、城市隧道的设计和技术研发工作，主持了我国首批建设的总长近千公里的高铁隧道、40 余座水下隧道设计，其中包括"万里长江第一隧"——武汉长江隧道工程、世界上行车速度最高的水下隧道——广深港铁路客运专线狮子洋水底隧道，形成了高铁隧道结构、防水和气动效应缓解的成套技术和复合地层大直径水下盾构隧道设计成套技术，为我国高铁隧道技术体系的建立奠定了坚实基础，极大推进了我国水下隧道技术的自主创新和发展。

图 5-84　肖明清

孙树礼（1961—），2016 年被评为“全国工程勘察设计大师”。他 1979 年考入西南交通大学铁道工程专业，现任中国铁路设计集团有限公司副院长兼总工程师。他长期从事我国铁路工程技术、科研和建设工作，从设计理念、结构设计、制造施工、站后接口及建筑材料等方面进行了一系列高速铁路勘察设计关键技术的自主创新工作，为我国高速铁路勘察设计奠定了理论基础。

图 5-85　孙树礼

张瑞龙（1964—），2020 年被评为“全国工程勘察设计大师”。他 1981 年考入西南交通大学铁道工程专业，现任中国建筑标准设计研究院执行总工程师。30 多年来，他一直在人防工程领域潜心科研，锲而不舍，开拓创新，获得诸多殊荣，为中国人防工程事业发展做出诸多贡献。他的代表作品包括故宫博物院地下文物库二期工程、北京金融街富凯大厦、首都博物馆新馆、北京奥林匹克花园一期等。

图 5-86　张瑞龙

孟祥连（1965—），2020 年被评为“全国工程勘察设计大师”。他 1983 年考入西南交通大学铁道工程地质专业，现任中铁第一勘察设计院集团有限公司副总工程师。多年来，他一直专注于铁路、公路的地质勘察设计，先后主持完成了青藏、西康、哈大客专、兰新第二双线、西成客专等十余条铁路长大干线，以及秦岭终南山特长公路隧道、西安地铁 2 号线等多项国内外重大公路和市政工程项目的勘察设计和科技攻关工作。他曾获全国“五一劳动奖章”等奖项。

图 5-87　孟祥连

图 5-88　崔冰

崔冰（1966—），2020 年被评为“全国工程勘察设计大师”。他 2000 年考入西南交通大学建筑与土木工程专业，攻读硕士学位，现任中交公路规划设计院有限公司首席专家。他长年从事大跨径桥梁的设计与技术研究工作，参与南京长江二桥、三桥、四桥、五桥，安徽望东长江大桥、舟山市秀山跨海大桥等桥梁建设。

图 5-89　吴德兴

吴德兴（1962—），2020 年被评为“全国工程勘察设计大师”。他 2004 年考入西南交通大学桥梁与隧道工程专业，攻读博士学位，现任浙江省交通规划设计研究院党委书记、院长。他从事公路工程方面的设计、咨询及科研工作 30 年，曾获全国“五一劳动奖章”、国家科学技术进步奖一等奖等奖项。

图 5-90　汤友富

汤友富（1962—），2020 年被评为“全国工程勘察设计大师”。他 2004 年考入西南交通大学交通运输规划与管理专业，攻读硕士学位。现任中铁第五勘察设计院集团有限公司董事长、党委书记。他从事铁路路网规划、枢纽总图规划、铁路场站及站房等研究和勘察设计工作 30 余年，在我国高速铁路建设相关技术标准（规范）制定、国家重点项目组织实施、重大科研攻关等方面有突出贡献。他曾获“茅以升铁道工程师奖”等奖项。

四、荣誉校友中的杰出人才

据不完全统计，20 世纪 80 年代以来，学校聘请的名誉教授、顾问教授、兼职教授、客座教授中，还有 100 余位海内外院士、全国工程勘察设计大师，他们也一直关心支持学校的改革建设与发展。

（一）海内外院士

图 5-91 张光斗

张光斗（1912-2013），1955 年当选为中国科学院学部委员，1994 年当选为中国工程院院士。张光斗是我国水利水电工程专家和工程教育家，中国水利水电事业的主要开拓者之一，在水利水电工程建设、科研和工程教育等方面作出了突出的、系统的、创造性的贡献，主持设计了密云水库、渔子溪水电站等工程，为黄河和长江水利工程规划设计和葛洲坝、丹江口、三门峡、小浪底、二滩、三峡、龙滩等多座大型水利水电工程建设提供技术指导；曾获光华工程科技奖成就奖、何梁何利科技与进步奖等奖项；1994 年受聘为西南交通大学名誉教授。

图 5-92 钱伟长

钱伟长（1912—2010），1955 年当选为中国科学院学部委员，1956 年当选为波兰科学院外籍院士；我国近代力学、应用数学的奠基人之一，著名的科学家、教育家，杰出的社会活动家。他开创了我国大学里第一个力学专业，出版中国第一本《弹性力学》专著，开设了我国第一个力学研究班和力学师资培养班，被后世人称为中国近代“力学之父”“应用数学之父”。国际上以钱氏命名的力学、应用数学科研成果有“钱伟长方程”“钱伟长方法”“钱伟长一般方程”“圆柱壳的钱伟长方程”等。曾获国家自然科学奖二等奖、何梁何利科学与技术奖终身成就奖等奖项。2001 年受聘为西南交通大学名誉教授。

图 5-93　于光远

于光远（1915—2013），1955 年当选为中国科学院学部委员，2006 年当选中国社会科学院荣誉学部委员。他是我国著名的马克思主义理论家、哲学家、经济学家、百科全书式学者，是中国当代思想解放运动和改革开放的重要参与者和见证人，曾任中共中央顾问委员会委员。于光远长期从事经济理论研究工作，开拓了许多新的学科领域，尤其在促进中国的自然科学与社会科学联盟、在自然辩证法哲学学派的创立与发展、在反伪科学方面作出了重要贡献。1999 年受聘为西南交通大学名誉教授。

图 5-94　陈芳允

陈芳允（1916—2000），1980 年当选为中国科学院学部委员，1998 年被授予“两弹一星功勋奖章”；无线电电子学与空间系统专家，我国卫星测量、控制技术的奠基人之一，长期从事无线电电子学及电子和空间系统工程的科学研究和开发工作，为我国无线电电子学作出了大量开创性工作。1986 年，他与王大珩、王淦昌、杨嘉墀联合向中央提出了发展我国高技术的倡议（“863”计划）。曾获国家科技进步奖特等奖等奖项。1996 年受聘为西南交通大学名誉教授。

吴阶平（1917—2011），1980 年当选为中国科学院学部委员，1992 年当选为第三世界科学院院士，1995 年当选为中国工程院院士。吴阶平是我国著名的医学科学家、医学教育家、社会活动家、九三学社的杰出领导人，曾任第九届全国人大常委会副委员长、九三学社第十届中央委员会主席等职务。吴阶平长期从事泌尿外科的临床治疗和科研工作，是中国泌尿外科的先驱者之一，曾担任中央多位高级领导人的医疗小组组长。1996 年受聘为西南交通大学名誉教授。

图 5-95　吴阶平

潘际銮（1927— ），1980 年当选为中国科学院学部委员，著名焊接专家，我国焊接学科创始人之一，长期从事焊接专业的教学研究工作，为我国第一台电子束焊机研发、我国自行建设的第一座核电站（秦山核电站）建造、我国第一条时速 350 千米高速列车奥运前顺利开通，作出了重要贡献。他曾获全国“五一劳动奖章”、国家技术发明奖一等奖、国家科学技术进步奖二等奖，何梁何利科学与技术进步奖等奖项。1999 年受聘为西南交通大学名誉教授。

图 5-96　潘际銮

图 5-97 王守觉

王守觉（1929—2016），1980 年当选为中国科学院学部委员；我国半导体器件、半导体集成电路的奠基人之一，长期从事半导体与信息科学研究工作，曾首先研制成功硅平面工艺和平面器件，保证了为我国“两弹一星”的研制工作作出重大贡献的 109 丙机的成功研制，为中国半导体器件和微电子技术的创新、发展作出了开创性和系统性的杰出贡献；提出“仿生模式识别”新理论新方法，首创了信息处理新理论——“高维形象几何仿生信息学”，为解决维数高、自变量数多、计算复杂度大的计算问题提供了新思路。1996 年受聘为西南交通大学名誉教授。

图 5-98 张佑启

张佑启（1934— ），1987 年当选为英国皇家工程院院士，1999 年当选为中国科学院院士，2002 年当选为加拿大工程院院士。张佑启是我国建筑结计算力学、土木工程专家，开拓了有限元法在结构力学、特别是板与壳的研究，被学术界公认为有限元法的先驱者之一。他曾获国家自然科学奖二等奖、三等奖等奖项。1992 年受聘为西南交通大学名誉教授。

赵忠贤（1941— ），1987 年当选为第三世界科学院院士，1991 年当选为中国科学院学部委员。他是我国高温超导研究奠基人之一，国际公认的超导研究权威，长期从事低温与超导研究，探索高温超导电性研究，发现液氮温区高温超导体，并在国际上首次公布其元素组成为 Ba-Y-Cu-O，推动了国际高温超导研究热潮；发现系列 50K 以上铁基高温超导体并创造 55K 纪录，为高温超导研究在中国扎根并跻身国际前列作出了重要贡献。他曾获 2016 年度国家最高科学技术奖，国家自然科学奖一等奖、二等奖等奖项。1997 年受聘为西南交通大学名誉教授。

图 5-99　赵忠贤

卞学鐄（1919—2009），1988 年当选为美国国家工程院院士，2002 年当选为美国国家科学院院士、中国科学院外籍院士。卞学鐄是航空航天学专家、固体力学和结构力学专家。他创立了杂交应力有限元法，使单变量有限元法难题迎刃而解，不仅克服了技术障碍，更为有限元研究和应用开辟了新方向，此后各国学者沿着他的思路使有限元理论和应用迅速发展，从固体力学领域走向所有科学和工程领域。1983 年受聘为西南交通大学名誉教授。

图 5-100　卞学鐄

王国金（1923— ），1989 年当选为美国国家工程院院士；制造工程专家，是世界上第一个运用数控弯管机制造汽车排气管的人，也是在大批生产弯管中用机器人替代人工操作的先驱者。他同时还是学术界、工业界和政府间的桥梁，使大学的研究成果很快在工业界得到应用。他所领导的塑料注塑模被公认为该领域的世界领袖。1994 年受聘为西南交通大学名誉教授。

图 5-101　王国金（前右三）

孙钧（1926— ），1991 年当选为中国科学院学部委员。孙钧 1949 年毕业于交通大学（上海交通大学、西安交通大学曾用名）土木工程系。他是我国著名工程力学家、隧道与地下结构工程专家，长期从事高校地下建筑工程专业教学，创建了高校第一个地下建筑工程专业；他进行地下结构理论研究，开拓了地下结构工程力学，对发展地下结构流变力学、黏弹塑性理论和防护工程抗爆动力学等学科有重大贡献，是地下工程建设默默奉献的“尖兵”。他曾获国家科技进步奖二等奖、三等奖等奖项。1994 年受聘为西南交通大学顾问教授。

图 5-102　孙钧

保铮（1927— ），1991 年当选为中国科学院学部委员。他是我国著名电子学家，被誉为“中国雷达之父”“中国雷达裁判长”，长期从事雷达与信号处理方面的理论研究和工程实践，治学严谨，学术造诣深厚。面对国外的技术封锁，他毅然扛起中国雷达研究的重任，在祖国国防科技战线上作出重大贡献。他在 20 世纪 60 年代初主持研制成国内第一台微波气象雷达；70 年代中期以后，在数字信号处理、统计信号处理、阵列信号处理、自适应信号处理、时空二维信号处理、空间信号超分辨、雷达成像等方面取得了一系列有国际影响力的重大成果。他曾获全国“五一劳动奖章”，国家科技进步奖二等奖、三等奖等奖项。1993 年受聘为西南交通大学名誉教授。

图 5-103　保铮

高镇同（1928— ），1991 年当选为中国科学院学部委员。高镇同是结构疲劳与可靠性国际知名专家、我国飞机结构寿命与可靠性理论的奠基人；创立“疲劳应用统计学”，在飞机结构寿命可靠性评定理论和工程方法上作出了原创性贡献；为我国歼击机、轰炸机、客机等 20 余个型号数千架飞机进行定寿和延寿，为保障部队的战斗能力和飞行安全作出了历史性重大贡献。他曾获“新中国最美奋斗者”等称号，获国家自然科学奖三等奖，国家技术发明奖二等奖，国家科学技术进步奖一等奖、二等奖，何梁何利科学与技术进步奖等奖项。他和他的 5 位学生都是院士，创造“一门六院士”的佳话。2006 年受聘为西南交通大学名誉教授。

图 5-104　高镇同

图 5-105　闻邦椿

闻邦椿（1930—），1991 年当选为中国科学院学部委员。他是机械动力学和工程机械专家、力学教育家，我国“振动利用工程”学科开拓者，系统地研究和发展了振动学与机器学相结合的新科学“振动利用工程学”，研究了转子动力学、机械系统非线性振动理论及应用、机械故障的振动诊断及工程机械理论的某些问题，研制成功 10 多种新型振动机械和工程机械，所研制的“惯性共振式概率筛”和“激振器偏转式大型冷矿振动筛”达到国际先进水平。他曾获国家技术发明奖三等奖，国家科学技术进步奖二等奖、三等奖，光华工程科技奖等奖项。1994 年受聘为西南交通大学兼职教授，1998 年受聘为西南交通大学名誉教授。

图 5-106　戴汝为

戴汝为（1932—），1991 年当选为中国科学院学部委员。他是控制论与人工智能专家，长期从事自动控制、系统科学、思维科学、模式识别、人工智能等方面研究工作，将“模式识别”引入中国，提出语义—句法模式识别，成为“汉王”核心技术的理论基础。20 世纪 90 年代初，在钱学森直接指导下，跨入对“开放的复杂巨系统及其方法论”“以人为主、人机结合，从定性到定量的综合集成研讨”等领域的研究，为我国经济、军事及社会发展领域重大问题决策发挥了重要作用。他曾获国家科学技术进步奖一等奖、何梁何利科学与技术进步奖等奖项。2011 年受聘为西南交通大学名誉教授。

袁道先（1933—），1991 年当选为中国科学院学部委员。他是我国水文地质学专家、岩溶地质学专家，我国地质学、岩溶学学科带头人之一，为中国水文地质、工程地质、岩溶环境地质研究作出了重大贡献。在他的努力争取下，世界岩溶研究中心落户中国桂林，成为我国第一个由联合国授权设立的地学研究中心，也是联合国设立的第一个以地质为中心的世界研究中心。1997 年受聘为西南交通大学名誉教授。

图 5-107　袁道先

杨叔子（1933—），1991 年当选为中国科学院学部委员；著名机械工程专家，曾任华中理工大学（华中科技大学前身）校长；长期致力于机械工程与有关新兴学科的交叉，着重在机械工程中的信息技术与智能技术，拓宽了机械工程学科的研究领域；曾获全国"五一劳动奖章"等奖项。1997 年受聘为西南交通大学名誉教授。

图 5-108　杨叔子

陈俊勇（1933—），1991 年当选为中国科学院学部委员；大地测量学家，中华人民共和国成立以来测绘界的第一位博士；曾主持建立国家 GPS 网，在建立和完善我国三维地心坐标基准、重力测量基准、经度基准、消除精密水准测量系统误差、航测检定场、长度野外检定基线等测绘基准方面作出突出贡献；曾主持 1975 年和 1992 年珠穆朗玛峰高程计算工作；曾获国家科技进步奖二等奖、何梁何利科学与技术进步奖等奖项。1996 年受聘为西南交通大学名誉教授。

图 5-109　陈俊勇

图 5-110　严陆光

严陆光（1935—），1991 年当选为中国科学院学部委员；1992 年当选为乌克兰科学院外籍院士，2000 年当选为第三世界科学院院士，2004 年当选为国际欧亚科学院院士；我国著名的电气工程学家，长期从事近代科学实验所需的特种装备的研制和电工新技术的研究发展工作，为中国电气工程事业的发展作出了重要的贡献；在中国开创了大能量电感储能装置的系统研制，建成了储能 6×107 焦耳的合肥 7 号常温电感储能装置；领导研制和建成了中国第一台托卡马克 CT-6 的电磁系统。1994 年受聘为西南交通大学名誉教授。

图 5-111　卢强

卢强（1936—），1991 年当选为中国科学院学部委员，2006 年当选为瑞典皇家工程科学院外籍院士；自动控制和电力系统专家，电力系统非线性最优鲁棒控制学科体系的开拓者和奠基人；主要从事电力系统线性最优控制和非线性最优控制学科体系的研究工作，建立了电力系统线性最优控制新学科体系，研究成果在我国各大电网使用，对改善和提高电力系统运行的安全稳定性发挥了重要作用；曾获国家自然科学奖二等奖、国家科学技术进步奖三等奖，国家级教学成果奖特等奖等奖项。2003 年受聘为西南交通大学名誉教授。

李德仁（1939—），1991 年当选为中国科学院学部委员，1994 年当选为中国工程院院士，1999 年当选国际欧亚科学院院士，2018 年当选为国际宇航科学院院士；摄影测量与遥感学家，长期从事以遥感、全球卫星定位和地理信息系统为代表的地球空间信息学的教学研究，首创从验后方差估计导出粗差定位的选权迭代法，被命名为“李德仁方法”；提出包括误差可发现性和可区分性在内的基于两个多维备选假设的扩展的可靠性理论；提出地球空间信息科学的概念和理论体系，倡导和推进中国高分辨率对地观测技术的发展和商业化运营；提出广义和狭义空间信息网格的概念与理论，推进数字地球和智慧地球的建设。曾获国家科技进步奖二等奖、何梁何利科学与技术进步奖等奖项。1993 年受聘为西南交通大学顾问教授。

图 5-112　李德仁

程庆国（1927—1999），1992 年当选为俄罗斯运输科学院外籍院士，1993 年当选为中国科学院院士；桥梁和铁道工程专家，主要从事预应力混凝土桥梁结构及其工业化生产技术的科学研究和工程实践，大力开拓预应力混凝土桥梁新技术，为促进我国桥梁技术的发展作出重要贡献；积极倡导高速铁路、城市有轨交通和大跨径桥梁的发展；主持开展车桥耦合振动、列车走行性、桥梁结构空间非线性分析、钢纤维混凝土本构理论及其疲劳损伤等方面科研工作。曾获国家科技进步奖二等奖等奖项。1986 年受聘为西南交通大学兼职教授。

图 5-113　程庆国

图 5-114　汪旭光

汪旭光（1939— ），1992 年当选为俄罗斯圣彼得堡工程科学院院士，1995 年当选为中国工程院院士；长期致力于现代工业炸药与工程爆破技术的研究与开发，研制成功高威力的田菁 10 号浆状炸药并广泛推广，率先在我国成功研制 EL 系列乳化炸药，成功地研制出适用于各种不同爆破作业使用的 10 个系列、38 种乳化炸药以及配套工艺及设备，其中乳化炸药、混装车、工程爆破等技术在国内外获得广泛应用，取得良好的经济效益和社会效益。曾获“全国劳动模范”等称号，获国家技术发明奖二等奖、三等奖，国家科学技术进步奖一等奖、二等奖等奖项。2009 年受聘为西南交通大学名誉教授。

图 5-115　林群

林群（1935— ），1993 年当选为中国科学院院士，1999 年当选为第三世界科学院院士；我国泛函分析、计算数学研究领域内著名的数学家、学科带头人。他在微分方程求解的加速理论研究中取得了一系列卓越的成果，形成了系统理论，被国内外同行公认为“开创性的工作”，列为“当今最有希望的三种加速理论”之一。曾获“全国创新争先奖状”、华罗庚数学奖、何梁何利科学与技术进步奖等奖项。1998 年受聘为西南交通大学名誉教授。

迈克·沃肯(Michael Walton),1993年当选为美国国家工程院院士;交通运输领域国际著名专家,为美国为数不多的交通领域院士,在美国交通运输政策、智能交通系统、交通运输安全等领域起着重要的指导作用。他的研究领域除了交通运输系统的规划、运营和政策分析外,还包括智能运输系统,新技术和多模式物流,近十几年积极参加中国交通运输领域的学术活动,为中美两国的交通运输交流作出了杰出贡献。2017年受聘为西南交通大学名誉教授。

图 5-116　迈克·沃肯
(Michael Walton)

陈省身(1911—2004),1994年当选为中国科学院首批外籍院士;美籍华裔数学大师、20世纪最伟大的几何学家之一。他开创并领导着整体微分几何、纤维丛微分几何、"陈省身示性类"等领域的研究,在整体微分几何上的卓越贡献,影响了整个数学界的发展。他是唯一获得世界数学界最高荣誉"沃尔夫奖"的华人,被国际数学界尊为"微分几何之父"。国际数学联盟还特别设立了"陈省身奖"作为国际数学界最高级别的终身成就奖。1991年受聘为西南交通大学名誉教授。

图 5-117　陈省身

图 5-118　阮雪榆

阮雪榆（1933—2019），1994 年当选为中国工程院院士；我国压力加工专家，数字化制造技术与塑性成形技术（冷挤压技术）专家；长期从事冷挤压技术研究。他在国际上首创冷挤压许用变形程度理论，在中国国内首先研制成功黑色金属冷挤压技术，为中国建立完整的冷挤压工艺理论体系作出了重要贡献。他率先将CAD/CAM、数值模拟技术和人工智能技术的研究、开发与应用引入塑性加工与模具技术领域，对工业生产和技术进步有重大贡献。1998 年受聘为西南交通大学名誉教授。

图 5-119　谢友柏

谢友柏（1933— ），1994 年当选中国工程院院士，中国机械摩擦学事业的重要开拓者，长期从事设计科学和摩擦学研究，在中国内首先实现流体动力润滑滑动轴承油膜刚度阻尼测量；发展了建立在简单系统上的摩擦学系统研究，构造了摩擦学系统工程理论和方法的框架，提出了摩擦学的三个公理，并在大型汽轮发电机组、内燃机、工程机械等的摩擦学设计和安全运行上得到丰硕的理论和应用成果；提出了设计科学的四个基本定律，论证了创新设计过程的核心，深入研究了设计中知识的流动、集成、竞争和进化。曾获国家自然科学奖四等奖、国家科技进步奖三等奖等奖项。1987 年受聘为西南交通大学兼职教授。

钱七虎（1937—），1994 年当选为中国工程院院士；我国防护工程专家、军事工程专家、教育家，长期从事防护工程及地下工程的教学与科研工作，创建了中国防护工程学科，解决了孔口防护等多项难点的计算与设计问题，率先将运筹学和系统工程方法运用于防护工程领域。他建立了我国现代防护工程理论体系，解决了我军核武器空中、触地、钻地爆炸以及新型钻地弹侵彻爆炸等若干工程防护关键技术难题，率先将运筹学和系统工程方法运用于防护工程领域。曾获 2018 年度国家最高科学技术奖，国家科技进步奖一等奖、二等奖、三等奖等奖项。1999 年受聘为西南交通大学名誉教授。

图 5-120　钱七虎

谢礼立（1939—），1994 年当选为中国工程院院士；地震与防灾工程专家，中国强震观测与分析领域的奠基人之一；主要从事城市防灾能力评估、强震观测与设计地震动、工程抗震设防、抗震设计规范等研究。2008 年第 14 届世界地震工程大会上，他被选为国际世界地震工程协会的终身名誉理事，这是国际地震工程领域的最高学术荣誉和终身荣誉，他也成为唯一被授予该荣誉的中国学者。2013 年受聘为西南交通大学名誉教授。

图 5-121　谢礼立

图 5-122　周廉

周廉（1940— ），1994 年当选为中国工程院院士；超导和稀有金属材料专家，超导材料及工程技术领域的重要开拓者之一，长期致力于超导和稀有金属材料的研究发展工作，推动了中国高温超导材料的实用化进程，为中国稀有金属材料在航空、航天、化工、核电及国防军工等方面的应用作出了重大贡献，曾获何梁何利科学与技术进步奖等奖项。1997 年受聘为西南交通大学名誉教授。

图 5-123　冯叔瑜

冯叔瑜（1924— ），1995 年当选为中国工程院院士；我国著名工程爆破专家，被誉为“中国爆破第一人”，是中国工程爆破领域的开拓者和奠基人，长期从事工程爆破技术的研究与应用工作，在建立工程爆破地质学、开拓城市控制爆破技术的研究中作出了重要贡献。曾获国家科学技术进步特等奖等奖项。2000 年受聘为西南交通大学名誉教授。

图 5-124　刘源张

刘源张（1925—2014），1995 年当选为国际质量科学院院士，2001 年当选为中国工程院院士；我国管理科学和管理工程专家，中国质量管理之父，中国全面质量管理领域的开创者和奠基人，长期致力于质量工程和管理的研究与应用，在理论和实践上为中国的质量管理研究以及提高中国工业企业的产品质量和工程质量等作出了非常杰出的贡献，其著作《运筹学在纺织工业中的应用》开我国管理科学理论联系实际的先河。曾获国家科技进步奖二等奖等奖项。1995 年受聘为西南交通大学顾问教授。

吴佑寿（1925—2015），1995 年当选为中国工程院院士和国际高等教育科学院院士；我国著名的数字通信专家、我国数字通信技术的奠基人和开拓者之一，长期从事数字通信和数据传输、数字信号处理和模式识别研究工作，负责研制数字微波通信系统和国内第一台 TJ-82 图像计算机，为我国数字通信创建作出了突出贡献。曾获国家科技进步奖二等奖等奖项。1996 年受聘为西南交通大学名誉教授。

图 5-125　吴佑寿

屠基达（1927—2011），1995 年当选为中国工程院院士。我国飞机设计专家，“改型歼七之父”，长期从事飞机机型设计，他在航空领域做了一系列具有开创性和填补国内空白的工程技术工作；一生中参与了 15 种飞机的修理、仿制、自行设计和改进改型工作，是“歼 5 甲”飞机主任设计师，“歼 7IIA”“歼 7M”飞机总设计师，为航空科技进步，为空、海军装备和国民经济发展作出了重大贡献。曾获国家科技进步奖一等奖等奖项。1998 年受聘为西南交通大学名誉教授。

图 5-125　屠基达

图 5-127　涂铭旌

涂铭旌（1928—2019），1995 年当选为中国工程院院士；长期从事金属材料、强度与断裂的研究，特别是在发挥金属材料强度潜力的理论与应用，综合强化，耐寒高强钢的低温脆断规律、机理、判据及安全评价，以及重大机械装备失效分析等方面的研究。他在“发挥金属材料强度潜力的理论与应用”“耐寒高强钢的低温脆断规律、机理、判据及安全评价”等领域的研究中成绩卓著，取得了巨大的社会、经济效益。曾获国家自然科学奖三等奖，国家科技进步奖二等奖、三等奖等奖项。1986 年受聘为西南交通大学兼职教授。

图 5-128　简水生

简水生（1929— ），1995 年当选为中国科学院院士，我国光通信、光交换、光传感及光电子器件领域的著名科学家；长期从事光纤通信技术的教学和研究工作，建立了 JN 和 IK 函数，丰富了 Bessel 函数理论，研制成我国第一根偏振保持单模光纤、三万至三十万像素石英传像光纤、双窗口双零色散光纤、动态单纵模激光器、异型钢丝超强型束管式光缆系列。曾获全国“五一劳动奖章”、詹天佑铁道科学技术奖大奖等奖项。1993 年受聘为西南交通大学顾问教授。

徐滨士（1931—），1995 年当选为中国工程院院士，2010 年当选为波兰科学院外籍院士；我国表面工程学科和再制造工程学科的倡导者和开拓者之一，长期从事维修工程、表面工程和再制造工程研究，在国内率先将等离子喷涂技术用于解决车辆薄壁磨损零件修复的重大难题；开发的高效能超音速等离子喷涂技术，为制备高温热障涂层提供了关键技术；研究纳米自修复添加剂新技术，解决了重载荷、极端苛刻环境下的润滑、抗磨、防腐等重大难题。他先后获得国家自然科学奖二等奖，国家技术发明奖二等奖，国家科技进步奖一等奖、二等奖等奖项。1998 年受聘为西南交通大学兼职教授。

图 5-129　徐滨士

宁津生（1932—2020），1995 年当选为中国工程院院士；我国著名大地测量学家、教育家，被誉为“大地之星”；长期从事物理大地测量理论和方法研究，20 世纪 80 年代在中国首先利用近代数学物理方法推求相对大地水准面，获得当时中国阶次最高、精度最好的地球重力场模型 WDM89 和 WDM94，广泛应用于测绘、空间技术、地质等领域的研究和生产。曾获国家级教学成果奖二等奖等奖项。2006 年受聘为西南交通大学名誉教授。

图 5-130　宁津生

图 5-131　乐嘉陵

乐嘉陵（1936—），1995 年当选为中国工程院院士；我国著名空气动力学家，高超声速空气动力学、再入气动物理、火箭空气动力学和吸气式高超声速技术的学科带头人之一；长期从事超声速气动地面试验设备的研制及战略武器、运载火箭的气动理论和实验研究，取得重要研究进展，大大推动了我国高超声速飞行器和推进技术的发展。曾获国家科学技术进步奖二等奖、三等奖，何梁何利科学与技术进步奖等奖项。2012 年受聘为西南交通大学名誉教授。

图 5-132　钟掘

钟掘（1936—），1995 年当选为中国工程院院士；机械工程专家，“极端制造”“和谐制造”学术思想的提出者；长期从事机械与制造工程的教学科研，研究成果在多项材料加工生产的重大装备建设工程应用中取得实效。曾获“全国十佳女职工”等称号；国家科学技术进步奖一等奖，二等奖，国家技术发明奖二等奖，何梁何利科学与技术进步奖等奖项。1998 年受聘为西南交通大学名誉教授。

李大潜（1937—），1995 年当选为中国科学院院士，1997 年当选为第三世界科学院院士；2005 年当选为法国科学院外籍院士；专于偏微分方程、最优控制理论及有限元法理论，对一般形式的二自变数拟线性双曲型方程组的自由边界问题和间断解的系统研究，以及对非线性波动方程经典解的整体存在性及生命跨度的完整结果研究，均处于国际领先地位，研究成果成功地在国内 10 多个油田推广使用。曾获国家自然科学奖三等奖等奖项。1998 年受聘为西南交通大学名誉教授。

图 5-133　李大潜

叶尚福（1938—），1995 年当选为中国工程院院士；我国杰出的微波天线专家；长期致力于卫星通信地面站天线及高效馈源技术的研究与实践，尤其在多种大口径、高精度卫星地面站天线系统研制方面取得重大成就；主持研制的“自动跟踪卫星地面站天线系统”是国内最早的卫星地面站天线之一；“高精度卡塞格伦卫星地面站天线系统”的主要性能指标达到当时国际先进水平，在国防建设中产生重大效益。曾获国家科学技术进步奖一等奖等奖项。1999 年受聘为西南交通大学名誉教授。

图 5-134　叶尚福

图 5-135　沈昌祥

沈昌祥（1940—），1995 年当选为中国科学院院士；信息系统工程专家；从事计算机信息系统、密码工程、信息安全体系结构、系统软件安全、网络安全等方面的研究工作；多项研究成果达到了世界先进水平，在全国全军得到了广泛应用，取得了显著效益，使我国信息安全保密工作取得了突破性进展。曾获国家科学技术进步奖一等奖、二等奖、三等奖，光华工程科技奖等奖项。2008 年受聘为西南交通大学教授。

图 5-136　杜庆华

杜庆华（1919—2006），1997 当选为中国工程院院士；我国应用力学基础教育和建立力学专业的先驱者，长期从事高水平工科力学人才培养和结合重要工程应用的力学研究，在轻结构力学、工程弹塑性分析、机械结构强度与振动等方面取得了一系列成果；主编的《工程力学手册》是我国第一部工程力学的大型工具书。曾获国家级教学成果奖特等奖、何梁何利科学与技术进步奖等奖项。1998 年受聘为西南交通大学名誉教授。

方秦汉（1925—2014），1997 年当选为中国工程院院士；我国桥梁工程专家。他先后参与和主持了被桥梁界称为“里程碑”的武汉长江大桥、南京长江大桥、九江长江大桥和芜湖长江大桥的钢梁设计和科研、推广、研发，在应用研究、开发国产桥梁新钢种中发挥了重要作用。其设计建成的桥梁均达同期国际先进水平，为实现铁路桥梁的“高强、大跨、轻型、整体”的发展目标作出杰出贡献。曾获得国家科学技术进步奖特等奖、一等奖、二等奖、三等奖等奖项。2001 年受聘为西南交通大学名誉教授。

图 5-137　方秦汉

陈肇元（1931— ），1997 年当选为中国工程院院士；土木结构工程和防护工程专家；长期从事爆炸、撞击作用下防护结构性能与设计方法的理论与实验研究以及混凝土结构性能的研究，诸多研究成果纳入国家设计规范或用于重要工程；在研究推广现代高强、高性能混凝土技术和土钉支护技术，并编制相应结构设计施工规程的工作中也取得显著成绩。2005 年受聘为西南交通大学名誉教授。

图 5-138　陈肇元

图 5-139　李乐民

李乐民（1932—），1997 年当选为中国工程院院士；通信技术专家；从事通信技术领域科研教学 60 余年，负责研制成功载波话路用 9 600 比特/秒的高速数传机，解决自适应均衡关键技术；对数字通信中传输性能与抑制窄带干扰研究有创造性贡献，提出抗窄带干扰新理论与技术；研制了数字彩色电视光纤传输系统、抗毁光纤以太局域网、电视与数据综合光纤传输网、宽带综合业务局域网、ATM（异步转移模式）用户接入设备等。1999 年受聘为西南交通大学名誉教授。

图 5-140　陈希孺

陈希孺（1934—2005），1997 年当选为中国科学院院士；我国著名数理统计学家，他解决了一般损失函数下 M 估计的强、弱相合问题。在非参数计量，特别是极重要的 U 统计量的研究中获得 U 统计量分布的非一致收敛速度，具有国际领先水平；在参数估计、非参数回归、密度估计与判别中取得了一系列优秀成果。曾获国家自然科学奖三等奖等奖项。2000 年受聘为西南交通大学名誉教授。

林学钰（1937—），1997 年当选为中国科学院院士；水文地质与环境地质学家，我国最早从事环境水文地质和地下水资源管理研究的学者之一；主要从事地下水管理模型的理论与方法研究，在城市地下水资源评价、水流模拟、预报研究方面取得多项成果，建立了中国最早的一批地下水水质模型，在地下水污染机理和微生物治理地下水污染理论方面进行了系统研究。曾获“全国三八红旗手”等称号，全国“五一劳动奖章”、国家科学技术进步奖二等奖、三等奖等奖项。2011 年受聘为西南交通大学名誉教授。

图 5-141　林学钰

吕志涛（1937—2017），1997 年当选为中国工程院院士；结构工程专家，我国预应力学科的学术带头人，完善了混凝土结构计算理论和设计方法，提出了两类斜裂缝理论，抗剪设计方法和双向偏心受拉计算公式等，发展了预应力混凝土结构体系、计算理论和设计方法，开拓了预应力技术应用的新领域。曾获国家科学技术进步奖一等奖等奖项。1999 年受聘为西南交通大学名誉教授。

图 5-142　吕志涛

图 5-143　姚建铨

姚建铨（1939—），1997 年当选为中国科学院院士；激光与非线性光学专家，主要从事激光与非线性光学频率变换技术研究，发展了高功率倍频激光的理论，发明的双轴晶体最佳相位匹配的精确计算理论，被国际学术界称为“姚技术”“姚方法”并广泛应用。曾获国家技术发明奖二等奖等奖项。2009 年受聘为西南交通大学名誉教授。

图 5-144　薛群基

薛群基（1942—），1997 年当选为中国工程院院士，2019 年当选为亚太材料科学院院士；我国材料化学和特种润滑材料领域主要的学术带头人之一，多年从事特种润滑材料及材料化学研究，主持、参加和领导完成了航天和航空等高技术工业所需的多种特种润滑材料的研制任务；领导并参加研制了在多种特殊环境中应用的新型润滑和防护材料；研制成功了数十种具有显著经济效益的新型润滑材料；所研制的材料与技术为国家重点工程的实施作出了重要贡献。曾获何梁何利科学与技术奖等奖项。1997 年受聘为西南交通大学兼职教授。

曾庆元（1925—2016），1999 年当选为中国工程院院士；我国著名桥梁工程专家。他创立了弹性系统动力学总势能不变值原理、弹性系统运动稳定性的总势能判别准则及形成系统矩阵的“对号入座”法则、列车桥梁时变系统横向振动分析理论、桥梁结构局部与整体相关屈曲极限承载力分析理论、列车—轨道时变系统横向振动分析理论及无缝线路结构的横向动力稳定性分析理论、国际上独一无二的列车脱轨分析理论等，突破了列车脱轨理论分析的世界百年难题，解决了大量铁路桥梁列车脱轨控制问题。曾获国家科学技术进步奖三等奖、詹天佑铁道科学技术奖大奖等奖项。2001 年受聘为西南交通大学名誉教授。

图 5-145　曾庆元

温诗铸（1932—），1999 年当选为中国科学院院士；机械学专家；长期从事润滑理论、摩擦磨损机理与控制等方面的研究，提出了以完备数值解为基础的弹流润滑理论，奠定现代润滑设计的基础；提出以纳米膜厚为特征的薄膜润滑状态，为超精密和微型机械设计提供依据；发展黏塑性、黏弹性流变润滑理论，揭示出润滑膜屈服与失效机理。曾获国家自然科学奖二等奖、国家技术发明奖三等奖、国家科学技术进步奖二等奖等奖项。1987 年受聘为西南交通大学兼职教授。

图 5-146　温诗铸

图 5-147　朱中梁

朱中梁（1936—），1999 年当选为中国科学院院士；电信技术专家；主要从事通信和信息科学研究，主持设计并参与研制通信卫星多功能信息系统和数字宽带无线传播与信号处理系统；提出多系统、多用途、业务兼容和顶层优化的设计思想，实现了大系统硬件资源和信息资源高效共享与综合利用。曾获国家科学技术进步奖特等奖等奖项。1999 年受聘为西南交通大学名誉教授。

图 5-148　何镜堂

何镜堂（1938—），1999 年当选为中国工程院院士；我国建筑界公认的设计大师之一、岭南建筑界的著名人物。他提出了“两观三性”建筑理论，具有重要的理论学术价值和实践指导意义，并在文化博览建筑、教育建筑领域达到国际水平；主持设计了包括 2010 上海世博会中国馆、南京大屠杀遇难同胞纪念馆扩建工程等一批具有国际影响的国家级标志建筑。曾获“新中国最美奋斗者”“全国工程勘察设计大师”等称号，光华工程科技奖等奖项。2008 年受聘为西南交通大学名誉教授。

张国伟（1939—），1999 年当选为中国科学院院士；前寒武纪地质学家。他主要从事构造地质与前寒武纪地质研究，进行秦岭等中央造山系与国内外主要代表性造山带的综合对比研究，提出中国大陆造山带的多块体中小洋陆板块构造体制与动力学特征；长期研究华北地块南部早期地壳形成与演化，总结出复杂深变质变形小型绿岩系和早期两类构造单元复合演化的独特特征。曾获国家自然科学奖二等奖等奖项。2012 年受聘为西南交通大学名誉教授。

图 5-149　张国伟

刘人怀（1940—），1999 年当选为中国工程院院士；我国板壳结构理论与应用研究开拓者之一，中国管理科学理论与应用专家。他与叶开源共同创立求解非线性微分方程的修正迭代法，对航天航空、精密仪表、石油化工、船舶和建筑等工程设计有重大意义；创立了实用的厚壁结构理论，成功用于高压超高压容器和铁路高桥墩试制设计；进行经济管理方面的理论和应用研究，为上海浦东新区建设等提供了研究成果。曾获国家级教学成果奖二等奖等奖项。1994 年受聘为西南交通大学兼职教授，2014 年受聘为西南交通大学教授。

图 5-150　刘人怀

图 5-151　刘经南

刘经南（1943—），1999 年当选为中国工程院院士。大地测量与卫星导航专家。他长期从事大地测量理论及应用研究与教学工作；在大地测量坐标系理论、卫星定位应用、软件开发和重大工程应用方面做出了一系列开创性工作，特别是在 GNSS 技术应用和工程领域成就显著。曾获国家科学技术进步奖二等奖、三等奖等奖项。2002 年受聘为西南交通大学名誉教授。

图 5-152　弗雷德·塞泊（Frieder Seible）

弗雷德·塞泊（Frieder Seible）（1952—），1999 年当选为美国工程院院士，2011 年当选为中国工程院外籍院士。他创建了当今世界最大的结构实验与研究中心—Charles Lee Powell Structural Research Laboratory，在结构抗震、抗爆及复合材料在土木工程中的应用等方面取得了卓越成就。他在促进中国学术、科研以及产业化等各方面也作出了杰出贡献。他因在工程科学技术方面取得的突出贡献，获得美国总统青年成就奖、德国洪堡研究奖、美国公路与运输协会标准特殊贡献奖、K.B. Woods 杰出论文奖、美国土木工程师协会 Raymond C. Reese 研究奖、美国混凝土协会杰出工程项目奖等 40 多项美国及全球多个国家的荣誉奖项。2001 年受聘为西南交通大学名誉教授。

邓文中（1938—），美国国家工程院院士，2000年当选为中国工程院外籍院士，2018年当选为英国爱丁堡皇家学会外籍院士。西南交通大学名誉教授，国际著名桥梁专家。他领导设计及参与设计、施工的大桥有百余座，遍布世界，其中6座曾创世界纪录：如德国格尼桥和纽安坎桥，建成时成为世界最大跨度斜拉桥；美国西雅图开合桥，建成时成为世界最大跨度开合桥；美国旧金山奥克兰海湾大桥，建成时成为世界最大跨度自锚式悬索桥。他发展的"吊索挂篮"和引用的"美式吊机"已被世界桥梁工程广为采用，他也被尊为"美国预应力桥梁的先锋""百桥之父"。美国权威周刊《工程新闻记录》遴选他为过去125年来125位对工程最有贡献的"顶尖人物"之一。

图 5-153　邓文中

王众托（1928—），2001年当选为中国工程院院士；我国系统工程学科创建人之一，从事自动化专业建设与自动控制理论与计算机应用方面的引进与研究工作，曾开发过我国第一台石油管卷管机的自动控制系统以及我国第一台电渣重熔的交流控制系统，在我国自动化研究与教育领域做过大量艰苦的开拓工作。曾获国家科学技术进步奖三等奖等奖项。1995年受聘为西南交通大学顾问教授。

图 5-154　王众托

图 5-155 李焯芬

李焯芬（1945—），2001 年当选为加拿大工程院院士及香港工程科学院院士，2003 年当选为中国工程院院士；地质及水利工程专家。他主要从事地质灾害防治和工程研究，具有丰富的工程实践经验。主持了一些大型核电站的岩土工程勘察、地震风险评估及抗震设计；主持 68 个水电站的大坝安全性评估，解决了老坝抗震抗滑等一系列技术难题；主持多项大型输电项目的岩土工程问题研究，进行了大型输电塔塔基抗拔及水平加载试验研究，建立的设计规范被广泛采用。2010 年受聘为西南交通大学名誉教授。

图 5-156 多吉

多吉（1952—），2001 年当选为中国工程院院士；地质学专家，长期从事地热、矿产、水文、工程、环境地质勘查及科研工作。他曾负责实施我国第一口地热高产井——羊八井热田深部高温热储形成机制研究，填补了我国高温地热成因机制领域空白。他主持开展寻找天然饮用矿泉水地质项目，发现并评价了西藏曲马多优质天然矿泉水水源地，现该矿泉水已开发成为驰名中外的商标。曾获全国“五一劳动奖章”“全国劳动模范”、国家科学技术进步奖二等奖、李四光地质科学奖、何梁何利科学与技术创新奖等奖项。2011 年受聘为西南交通大学名誉教授。

樊代明（1953—），2001 年当选为中国工程院院士，2013 年当选为美国医学科学院外籍院士。他长期从事消化系疾病的临床工作及基础研究工作，致力于医学发展的宏观战略研究，在国际上率先提出整合医学理论并付诸实践，特别是学成归国后以胃癌的基础和临床研究为主攻方向，作出突出成绩。曾获“全国优秀共产党员”等称号，获国家技术发明奖三等奖，国家科学技术进步奖一等奖、二等奖、三等奖等，何梁何利科学与科技进步奖等奖项。2016 年受聘为西南交通大学名誉教授。

图 5-157　樊代明

汪应洛（1930—），2003 年当选为中国工程院院士，管理科学与管理工程专家，中国管理工程、系统工程和工业工程的学科带头人，是我国第一位管理工程学科的博士生导师和博士后流动站导师，曾任西安交通大学副校长。他长期致力于我国管理工程、系统工程和工业工程学科的发展及融会贯通，提出我国跨世纪管理学科发展战略目标、优先研究领域等。曾获光华工程奖等奖项。1994 年受聘为西南交通大学兼职教授，1995 年受聘为西南交通大学顾问教授。

图 5-158　汪应洛

图 5-159　戴尅戎

戴尅戎（1934—），2003 年当选为中国工程院院士，2014 年当选为法国国家医学科学院外籍通信院士；我国著名骨科学、骨科生物力学专家。在国际上，他首先将形状记忆合金制品用于人体内部，在步态和人体平衡功能定量评定、内固定的应力遮挡效应、骨质疏松性骨折、人工关节的基础研究与定制型人工关节、干细胞移植与基因治疗促进骨再生、3D 打印技术的医学应用等方面获创新性成果。曾获国家技术发明奖二等奖，国家科学技术进步奖二等奖、三等奖，何梁何利科学与技术进步奖等奖项。2015 年受聘为西南交通大学教授。

图 5-160　陈木法

陈木法（1946—），2003 年当选为中国科学院院士，2009 年当选为发展中国家科学院院士；我国最杰出、最有影响力的概率论学者之一。他彻底解决了“转移概率函数的可微性”等难题，建立了跳过程的系统理论。曾获何梁何利科学与技术进步奖等奖项。2010 年受聘为西南交通大学名誉教授。

张亚平（1965— ），2003 年当选为中国科学院院士，2007 年当选为发展中国家科学院院士；分子进化生物学和保护遗传学家。他主要从事基因组水平系统关键区域人群和重要家养动物和野生动物的自然选择和人工选择的遗传机制的研究，如揭示了东亚人群进化的一些规律和一些民族的演化历程；系统地研究了野生动物和家养动物的遗传多样性，确定了家犬的东亚起源，证明东亚是家养动物驯化的重要区域等。曾获“中国青年五四奖章”、国家自然科学奖二等奖、三等奖，何梁何利科学与技术进步奖等奖项。2004 年受聘为西南交通大学名誉教授。

图 5-161　张亚平

卓宝熙（1934— ），2005 年当选为国际欧亚科学院院士；铁路工程地质遥感技术创始人之一和开拓者。他长期从事工程地质和地质灾害遥感工作，先后主持参加了兰新线、成昆线、张白线、焦枝线、韶柳线、青藏线、滇藏线、南昆线等 30 余条铁路线路的工程地质遥感工作，系统地总结了中国工程地质遥感技术判释和应用经验。曾获“全国工程勘察设计大师”等称号、詹天佑铁道科学技术奖成就奖等奖项。1996 年受聘为西南交通大学兼职教授。

图 5-162　卓宝熙

图 5-163　梁文灏

梁文灏（1941—），2005 年当选为中国工程院院士；隧道及地下工程专家。他长期工作在我国隧道及地下工程建设第一线，主持设计的西康铁路秦岭特长隧道（长 18.4 千米），首创我国隧道 TBM 施工新技术，研究成果填补了我国铁路隧道修建史多项空白；主持设计兰武二线乌鞘岭隧道（20.5 千米），实现我国铁路隧道首次突破 20 千米；主持设计的秦岭终南山公路隧道（18 千米），建设规模居世界第一；主持确定了青藏铁路西格段新关角隧道（32.6 千米），引汉济渭秦岭输水隧洞（81.7 千米）设计方案，不断突破我国复杂山岭隧道长度纪录；主持了宝兰铁路、宝中铁路、神延铁路黄土隧道，神朔铁路浅埋沙隧道，青藏铁路格拉段高原冻土区风火山隧道、昆仑山隧道等特殊地质条件隧道工程的勘察设计工作，对完善我国隧道修建技术体系提供了重要支撑。曾获“全国工程勘察设计大师”等称号，获国家科学技术进步奖一等奖、詹天佑铁道科学技术奖成就奖等奖项。2006 年受聘为西南交通大学名誉教授。

图 5-164　程时杰

程时杰（1945—），2007 年当选为中国科学院院士；电力系统专家。他长期从事电力系统及其自动化研究，在电力系统适应控制、智能控制、次同步振荡等方面取得了众多研究成果并已用于生产实际。曾获国家级教学成果奖二等奖等奖项。1998 年受聘为西南交通大学兼职教授。

吴硕贤（1947—），2005 年当选为中国科学院院士，为我国建筑技术科学领域首位中国科学院院士；中国建筑技术科学与绿色建筑的积极倡导者。他长期从事建筑与环境声学研究，系统提出城市交通噪声预报、仿真及防噪规划的理论与方法阐明声学虚边界原理，推导出混响场车流噪声简洁公式，较好地解决国际上 20 多年未解决的问题。曾承担了人民大会堂音质改建工程声场方针等 50 多项工程声学设计。2007 年受聘为西南交通大学名誉教授。

图 5-165　吴硕贤

张兴栋（1938—），2007 年当选为中国工程院院士，2014 年当选为美国国家工程院外籍院士；国际著名材料科学与工程专家。他长期从事生物材料研究及开发，开创了我国生物活性人工骨研究，对促进我国生物活性人工骨和植入体跨入国际先进水平作出了重要贡献。曾获“全国创新争先奖状”等称号，国家自然科学奖二等奖、国家科学技术进步奖二等奖等奖项。1998 年受聘为西南交通大学名誉教授，2015 年受聘为西南交通大学教授。

图 5-166　张兴栋

图 5-167　孙永福

孙永福（1941— ），2005 年当选为中国工程院院士；原铁道部副部长、中国铁道学会理事长。他长期从事铁路建设技术和管理工作，主持建成大秦、京九、南昆、宝中铁路以及衡广、兰新复线等重点工程项目，特别是在世界上海拔最高、线路最长的高原铁路——青藏铁路建设中，攻克了多年冻土、生态脆弱、高寒缺氧“三大难题”，实现了管理创新、技术创新，为把青藏铁路建成世界一流高原铁路作出了重大贡献。曾获国家科学技术进步奖特等奖等奖项。1997 年受聘为西南交通大学名誉教授。

图 5-168　谭建荣

谭建荣（1954— ），2007 年当选为中国工程院院士；机械工程专家。他主要从事机械设计与数字化制造方面的研究，提出了批量与定制相结合的大批量定制设计，工程过渡状态、模糊状态、随机状态建模与数字样机集成仿真，数值与几何相结合的复杂装备多部件关联、多层次配置与多参数匹配分析等技术方法，有效支撑和支持了国产重要装备的设计与创新，推进了装备制造企业的技术进步和数字化设计与制造技术的发展。曾获国家科学技术进步奖二等 奖，国家级教学成果奖一等奖、二等奖等奖项。2008 年受聘为西南交通大学名誉教授。

库马雷斯·辛哈（Kumares Sinha，1942—），2008 年当选为美国国家工程院院士；国际交通运输工程领域的著名专家，美国交通运输工程研究与教育领域的重要人物。他长期担任美国普渡大学交通运输中心主任，美国土木工程学会（ASCE）会刊《交通运输工程学报》主编，在交通资产管理、运输政策、规划、运营、智能交通系统等研究领域作出了重要贡献。2017 年受聘为西南交通大学名誉教授。

图 5-169　库马雷斯·辛哈（Kumares Sinha）

于俊崇（1940—），2009 年当选为中国工程院院士；核动力专家。他长期从事核反应堆工程研制及设计研究工作，在核反应堆热工水力与核安全、核动力总体等专业领域有很深造诣。他曾参加了中国第一代压水堆型核动力装置、第一座脉冲反应堆、乏燃料研究堆等工程研制，为我国核能关键技术攻关发挥了关键作用。曾获国家重大贡献奖金质奖章、全国“五一劳动奖章”、国家科学技术进步奖二等奖等奖项。2014 年受聘为西南交通大学名誉教授。

图 5-170　于俊崇

图 5-171　隋森芳

隋森芳（1945— ），2009 年当选为中国科学院院士。他长期从事蛋白质及生物膜结构与功能的研究；利用冷冻电子显微学，结合生物化学、生物物理学和细胞生物学等技术手段，研究蛋白质复合体、复杂蛋白质机器和膜蛋白的结构、功能与工作机制；囊泡运输中的分子机制，蛋白质与膜脂的相互作用，生物膜与重大疾病的关系。曾获国家自然科学奖二等奖等奖项。2016 年受聘为西南交通大学教授。

图 5-172　吴以岭

吴以岭（1949— ），2009 年当选为中国工程院院士；中医心血管病专家，中医络病学学科创立者和学科带头人。他致力于中医络病研究，继承创新首次形成“络病证治”体系、“脉络学说”和“气络学说”，创立中医络病学新学科，以络病理论为指导开辟心脑血管疾病治疗新途径。曾获国家技术发明奖二等奖，国家科学技术进步奖一等奖、二等奖，何梁何利科学与技术创新奖等奖项。2016 年受聘为西南交通大学名誉教授。

戴宏杰（1966—），2009 年当选为美国科学与艺术学院院士，2016 年当选为美国国家科学院院士，2019 年当选为中国科学院外籍院士；国际碳纳米材料研究领域的领军人物之一。他在碳纳米材料的生长合成、物理性质研究、纳米电子器件研发，以及纳米生物医学、能源材料等领域都取得了成就，并获得了广泛的影响。2016 年受聘为西南交通大学名誉教授。

图 5-173　戴宏杰

李安民（1946—），2009 年当选中国科学院院士；国际知名微分几何学家。他长期从事仿射微分几何学及辛拓扑研究，学术成果被国际同行广泛引用和认可。曾获“全国优秀教师”等称号、国家自然科学奖三等奖等奖项。2016 年受聘为西南交通大学教授。

图 5-174　李安民

陈通文（1961—），2009 年当选为加拿大工程研究院院士，2013 年当选为加拿大国家工程院院士。他的研究领域涉及计算机控制以及应用、数字控制和多速率控制、基于网络的控制理论、报警监控及合理化等。2014 年聘为西南交通大学电气工程学院海外院长。

图 5-175　陈通文

图 5-176　刘加平

刘加平（1956—），2011 年当选为中国工程院院士；建筑热工与节能专家。他主要从事建筑节能和绿色建筑领域的教学、研究和工程应用工作，在西部低能耗与绿色建筑模式、地域性民居建筑再生与发展、太阳能富集地区建筑节能设计原理和方法等方面取得突出成就，是我国该领域杰出的科学家之一。曾获“全国创新争先奖状”、国家科学技术进步奖二等奖等奖项。2013 年受聘为西南交通大学名誉教授。

图 5-177　崔恺

崔恺（1957—），2011 年当选为中国工程院院士；建筑学家。他遵循“适用、经济、美观”的方针，在借鉴国际建筑思潮的同时，重视对地域文化的传承和创新，努力探索有中国本土特色的建筑设计创作之路，先后主持设计完成了包括拉萨火车站、首都博物馆、安阳殷墟博物馆等在内的各类建筑工程 100 余项。他于 2000 年被评为“全国工程勘察设计大师”，曾获梁思成建筑奖等奖励。现为西南交通大学兼职教授。

何满潮（1956—），2013 年当选为中国科学院院士；矿山工程岩体力学专家。他主要从事深部岩体力学与工程灾害控制研究，建立了以软岩变形力学机制为核心的软岩工程岩体力学理论与支护技术方法。曾获“全国创新争先奖状”、国家技术发明奖二等奖，国家科学技术进步奖二等奖，国家级教学成果奖二等奖，何梁何利科学与技术进步奖等奖项。2014 年受聘为西南交通大学名誉教授。

图 5-178　何满潮

杜彦良（1956—），2013 年当选为中国工程院院士；大型工程结构状态监测与安全控制专家。他率先将智能结构理论与方法融入铁道工程安全保障技术领域，提出了“监测—评估—预警—修复”一体化的状态监测与安全运维技术体系，围绕国家高速铁路、重载铁路、高原高寒铁路、既有线提速铁路、城市智慧交通等重大工程建设，开展了大型铁路桥梁、多年冻土路基、长大隧道及 TBM 施工装备状态监测、健康诊断与快速康复的理论研究、技术创新和应用推广，取得了多项创新成果。曾获国家科学技术进步奖一等奖、二等奖，国家级教学成果奖一等奖、二等奖，何梁何利科学与技术进步奖等奖项。2014 年受聘为西南交通大学名誉教授。

图 5-179　杜彦良

图 5-180　聂建国

聂建国（1958—），2013 年当选为中国工程院院士；结构工程专家，长期从事钢－混凝土组合结构的研究与推广应用工作，研发了一系列组合结构新形式和新技术，发展了组合结构设计计算理论和设计方法，拓宽了组合结构的工程应用领域，为实现组合结构体系层面的突破作出了重要贡献。曾获“全国创新争先奖状”、国家技术发明奖一等奖（中国土木工程领域内第一个国家技术发明奖一等奖）、国家科学技术进步奖二等奖、何梁何利科学与技术进步奖等奖项。2016 年受聘为西南交通大学名誉教授。

图 5-181　闫楚良

闫楚良（1947—），2015 年当选为中国科学院院士；空军飞机可靠性专家组专家，长期从事飞机寿命与可靠性科学研究，建立了飞机经济寿命可靠性理论，创建了高置信度中值载荷谱编制原理，发明了飞机悬空协调加载标定方法和飞机空间分布载荷实测技术，解决了中国采用一架飞机进行载荷谱飞行实测和用于机群定寿、延寿重大技术，研究成果成功用于数千架飞机定寿、延寿和结构可靠性设计，为大幅提高中国现役飞机使用寿命和保障飞行安全作出了重要贡献。曾获国家技术发明奖二等奖、国家科学技术进步奖二等奖等奖项。2016 年受聘为西南交通大学教授。

王复明（1957—），2015 年当选为中国工程院院士。他长期从事基础工程设施安全维护理论与技术研究，在基础工程渗漏涌水防治和隐蔽病害诊治方面取得系统创新成果，研究成果广泛应用于基础工程防渗修复及应急抢险，解决了多项重大工程难题。曾获得国家技术发明奖二等奖，国家科学技术进步奖二等奖、三等奖等奖项。2015 年受聘为西南交通大学名誉教授。

图 5-182　王复明

常青（1957—），2015 年当选为中国科学院院士；建筑学家。他提出了城乡风土建筑谱系的认知方法和保护与再生的系统理论，拓展了城乡历史环境再生学科领域，建构了“新旧共生、和而不同”的系统专业理论；提出了地域风土建筑谱系的认知方法；率先提出了介于“维持历史建筑旧貌”与“毁旧建新”之间的第三条道路——保持城乡地方历史特征和多样性活力的“适应性再生”途径。他主持设计的上海“外滩轮船招商总局大楼保护与再生工程”、上海市援藏重点项目日喀则“桑珠孜宗堡复原工程”等，均在国内外具有重要影响。曾获国家级教学成果奖二等奖等奖项。2019 年受聘为西南交通大学名誉教授。

图 5-183　常青

图 5-184　王建国

王建国（1957—），2015 年当选为中国工程院院士；建筑学专家。他在中国首次较为系统完整地构建了现代城市设计理论和方法体系，从技术层面揭示了城市空间形态的建构机理，初步破解了城市建设中有关高度、密度和风貌优化和管控等方面的城市设计难题；主持完成广州总体城市设计、南京总体城市设计、郑州中心城区总体城市设计、牛首山游客中心等数十项重要工程实践。2016 年受聘为西南交通大学名誉教授。

图 5-185　王琪

王琪（1949—），2017 年当选为中国工程院院士；塑料装备加工专家。她主要从事塑料加工新装备新技术新原理的研究和工程化应用，如固相力化学加工、塑料管旋转挤出加工、聚乙烯醇热塑加工和熔融纺丝、高值高效回收利用废弃塑料橡 胶、制备无卤阻燃塑料和泡沫塑料、聚合物基微纳米功能复合材料微型加工和 3D 打印加工等。曾获国家技术发明奖二等奖等奖项。1994 年受聘为西南交通大学兼职教授。

陈湘生（1956—），2017 年当选为中国工程院院士；我国著名的地下工程、岩土工程、地层冻结和地铁工程领域专家，长期从事隧道与地下工程、岩土工程、地铁工程、城市地下空间与结构工程、井巷工程等科研和技术管理等工作，建立了地铁隧道施工地层沉降毫米级控制技术，攻克了地铁隧道近距下穿各类建筑物、空间复杂交叉地铁隧道群施工及其全寿命安全等世界性技术难题，创立了地铁运营隧道变位精细控制组合技术，解决了地下工程控水技术难题。其成果被广泛用于工程中，取得非常显著的经济效益和生态环境效益。曾获国家科学技术进步奖二等奖等奖项。2019 年受聘为西南交通大学名誉教授。

图 5-186　陈湘生

王建宇（1959—），2017 年当选为中国科学院院士；我国光电技术专家。他主要从事空间光电技术和系统的研究，主持国际首颗量子科学实验卫星系统的设计和研制。2016 年 8 月，全球首颗量子科学实验卫星“墨子号”成功发射，标志着中国在全球量子通信上所处的引领地位。王建宇担任这项卫星工程的常务副总设计师、卫星发射总指挥。曾获全国“五一劳动奖章”、国家技术发明奖二等奖，国家科学技术进步奖二等奖、三等奖等奖项。1994 年受聘为西南交通大学顾问教授。

图 5-187　王建宇

图 5-188　谢先启

谢先启（1960—），2017 年当选为中国工程院院士。工程爆破专家。他首次提出了“精细爆破”理念，并构建了“精细爆破”技术体系，是工程爆破发展新阶段的标志。他研发了一系列爆破有害效应综合防控技术，丰富和发展了工程爆破理论技术体系，对我国拆除爆破技术的发展具有重要推动作用。曾获国家科学技术进步奖二等奖等奖项。2019 年受聘为西南交通大学名誉教授。

图 5-189　岳清瑞

岳清瑞（1962—），2017 年当选为中国工程院院士；工程结构专家，我国工业建筑诊治技术领域的学科带头人之一。他在国内率先系统开展了以冶金工业建构筑物为代表的工业建筑可靠性检测鉴定与加固改造技术研发与推广工作，开辟了我国高性能纤维增强复合材料在土木工程应用方面新的技术领域与方向。曾获得国家科学技术进步奖二等奖等奖项。2019 年受聘为西南交通大学名誉教授。

图 5-190　莱茵哈德·泽尔腾（Reinhard Selten）

莱茵哈德·泽尔腾（Reinhard Selten，1930—2016），德国科学院院士、美国艺术与科学学院外籍名誉院士；世界著名经济学家；西南交通大学名誉教授。1994 年，他因在“非合作博弈理论中开创性的均衡分析”方面的杰出贡献，荣获诺贝尔经济学奖。学校现有以其姓名命名的“西蒙-泽尔腾行为决策研究实验室”（西蒙是与泽尔腾研究领域相似的另一位诺贝尔奖得主）。

黄永刚（1962—），2017 年当选为美国国家工程院院士，同年当选中国科学院外籍院士、欧洲科学院院士，2020 年当选为美国科学院院士。黄永刚为固体力学家，主要研究领域是材料和电子器件的力学行为。他和合作者共同开创了可延展无机电子器件领域，并创立了基于微观机制的应变梯度理论。2015 年受聘为西南交通大学名誉教授。

图 5-191　黄永刚

漆一宏（1961—），2018 年当选为加拿大工程院院士。他长期从事电磁场与微波技术、无线电信号传输和噪声机理的基础研究。其理论突破的研究成果广泛应用在无线低噪声发射机、高灵敏度接收机、高性能连接器、天线、无线测试系统和系统集成中，惠及人口超 30 亿。其将手机外置天线创新性地放置在手机底部的设计，如今已被市面上绝大部分移动通信设备所采用。曾获 IEEE EMC Society 技术成就奖等奖项。2018 年受聘为西南交通大学名誉教授兼行为大数据研究院院长。

图 5-192　漆一宏

（二）全国工程勘察设计大师

图 5-193　徐尚志

徐尚志（1915—2007），1990 年被评为“全国工程勘察设计大师”。他曾担任四川省第八届人大常委会副主任、九三学社中央常委等职务；曾设计重庆市劳动人民文化宫礼堂、重庆体育馆、锦江大礼堂等大中型建筑；历任重庆建筑公司工程师、设计部主任，西南建筑设计院建筑师、主任建筑师、副总建筑师，中国建筑西南设计院总建筑师等。1984 年受聘为西南交通大学兼职教授。

图 5-194　周方中

周方中（1937— ），1994 年被评为“全国工程勘察设计大师”，现为西南交通大学名誉教授。他的建筑设计代表作有肯尼亚体育馆、珠海市游泳馆、成都万和广场、重庆交通银行、中国丽江国际文化会议交流中心等。其中，肯尼亚体育馆获中国建筑工程总公司 1984 年度优秀方案一等奖及 1991 年原建设部优秀建筑设计三等奖，珠海游泳馆获中国建筑工程总公司 1994 年度优秀方案设计一等奖，北京钓鱼台大酒店获中国建筑工程总公司 1996 年度优秀方案设计一等奖及原建设部 1996—1998 年度优秀设计一等奖。

杨进（1930—），2000 年被评为“全国工程勘察设计大师”。他是我国著名桥梁专家，主持了众多大型桥梁工程的设计和施工指导工作。他主持设计的汕头海湾大桥、西陵长江大桥，率先在国内大跨度现代悬索桥领域进行了开创性的技术实践，缩小了我国在这一工程领域与国外的差距。在汕头宕石大桥的设计中，他成功地在国内第一次推出混合梁斜拉桥方案，推进了国内钢箱梁斜拉桥技术的发展，为我国桥梁事业作出了重大贡献。曾获詹天佑铁道科学科技奖成就奖、茅以升科技奖桥梁大奖等奖项。1995 年受聘为西南交通大学兼职教授。

图 5-195　杨进

黎佗芬（1938—），2000 年被评为“全国工程勘察设计大师”。他曾主持国内外 80 多项大中型工程设计，其中，成都市城北体育馆、四川省体育馆等设计作品获得国家及省部级奖励。2001 年受聘为西南交通大学兼职教授。

图 5-196　黎佗芬

郑国英（1934—2018），2004 年被评为“全国工程勘察设计大师”。他对博览、影剧、宾馆、教育等方面的建筑有深入的研究和丰富的设计经验，主持设计的大型建筑有 60 余项。2001 年受聘为西南交通大学兼职教授。

图 5-197　郑国英

图 5-198　邵长宇

邵长宇（1963—），2008 年被评为全国工程勘察设计大师。他从事桥梁工程设计和研究工作近 30 年，主持了多项国家重点大型桥梁工程的设计和研究工作，内容涵盖公路桥梁、铁路桥梁以及公铁合建桥梁、公规合建桥梁。这些桥梁工程涉及跨江、跨海、强风、强震等多种复杂建设条件，具有很强的创新性和开拓性。作为我国跨海大桥建设技术的开拓者之一，他主持了东海大桥和杭州湾跨海大桥的设计与研究工作，为大桥的建设起步于国际先进水平作出了突出贡献。曾获国家科技进步奖一等奖等奖项。2001 年受聘为西南交通大学兼职教授。

图 5-199　蒋树屏

蒋树屏（1951—），2016 年被评为“全国工程勘察设计大师”。他长期从事公路隧道的科研、勘测设计和技术开发，承担厦门东通道海底隧道、秦岭终南山公路隧道等 43 项较大规模的隧道工程设计。2001 年受聘为西南交通大学兼职教授。

第六章 校园人文

一、犀浦校区

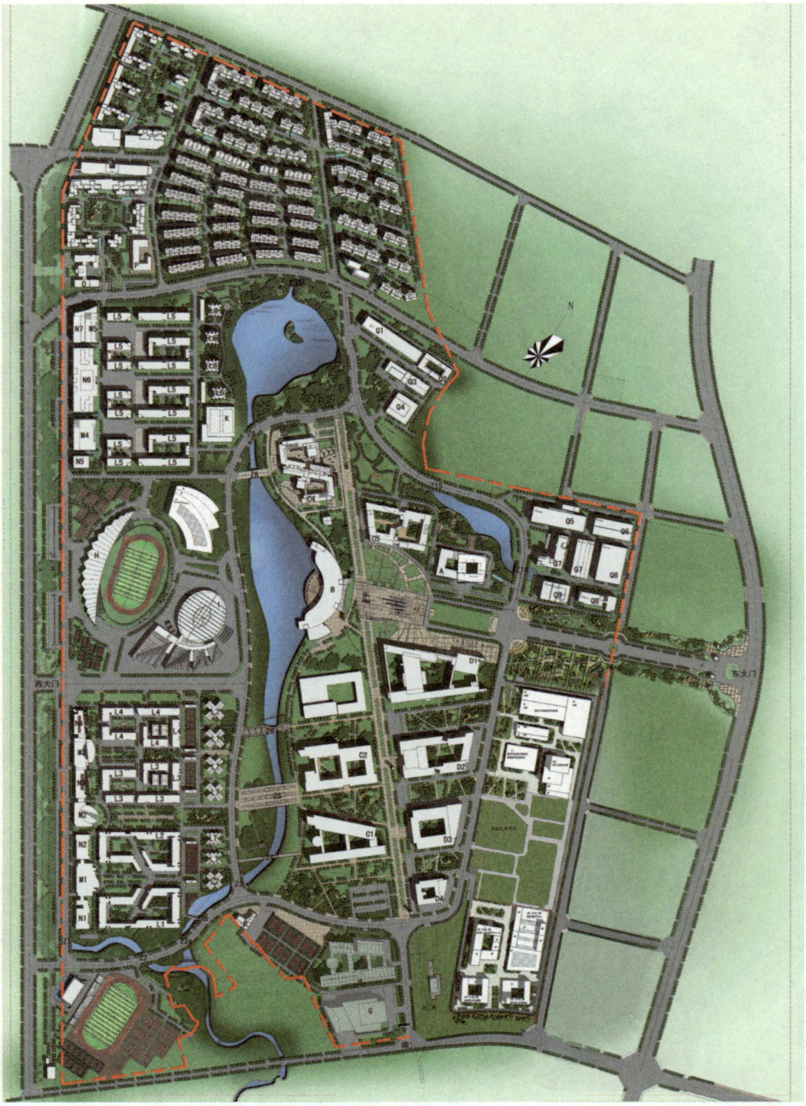

图 6-1　犀浦校区平面图（占地面积 159.21 公顷）

（一）犀浦校区东大门

图 6-2　犀浦校区东大门

犀浦校区东大门于 2008 年 3 月启动设计,2013 年 12 月竣工，2014 年 1 月正式启用。校门整体从沙西线道旁进深 60 米左右，校名石上刻有毛体“西南交通大学”字样。东大门提炼唐山时期校门具有的代表性元素作为设计风格的骨架，运用了梁柱及拱门的设计，塑造出恢弘庄重的历史文化形象，现为犀浦校区主校门。

（二）犀浦校区南大门

图 6-3　犀浦校区南大门

犀浦校区南大门于 2004 年由唐山市政府捐赠建成，样式仿照唐山时期校门。受当时西方文化和教育影响，唐山时期校园建筑均采用西式风格。校门由著名建筑师、学校知名校友庄俊设计（现清华大学二校门，即“清华园”校门设计方案也出自庄俊）。校门正面书有“交通大学”，沿用了毛泽东同志当年为学校题写的“北方交通大学”校名的字体；背面则为学校早期校名“唐山路矿学堂”，承前启后，寓意“传承历史、展望未来”。

（三）机车博物园

图 6-4　机车博物园

机车博物园位于犀浦校区人文中轴线的南端，连通“竢实扬华”浮雕墙、先贤塑像群等，于 2012 年开工建设，2016 年建校 120 周年之际落成。博物园内现展出有全套铁路运输设备，包括一台建设 B 型蒸汽机车、一台东风 4 型内燃机车、一台韶山 1 型电力机车、一台磁悬浮列车。

1. 建设 B 型 8328 蒸汽机车

2006 年，学校为庆祝 110 周年校庆，向原铁道部购买。机车全称为“建设 B 型 8328 蒸汽机车”，重达 124 吨，建造于 1988 年 5 月 7 日，2000 年 9 月退役，2010 年由呼和浩特铁路局调拨，落户学校犀浦校区。为将此珍贵的纯机械火车头运回学校，学校专门请技术人员将蒸汽机车拆解，并一一为其编号，运回学校后再行组装。

2. 东风 4 型 7019 内燃机车

东风 4 型 7019 内燃机车来自南宁铁路局南宁机务段，车身长 20.49 米，宽 3.309 米，高 4.5 米，是大连机车车辆工厂 1969 年起试制的大功率干线客货运内燃机车，是中国铁路第二代电传动柴油机车的首型机车，也是中国第一种交-直流电传动柴油机车。1974 年转入批量生产，在实际运行中不断改进设计，形成了东风 4B 型、东风 4C 型、东风 4D 型系列产品。东风 4 型的传动方式与第一代东风内燃机车的最大不同是开始采用交-直流电传动（AC-DC）。

3. 韶山 1 型 0818 电力机车

韶山 1 型电力机车（SS1）由兰州铁路局兰州机务段赠送，是中国国营铁路使用的电力机车车款之一，以毛泽东同志的故乡韶山为名。这款机车车身长 20.368 米，宽 3.106 米，高 4.14 米，由株洲电力机车厂制造，是中国第一代（有级调压、交-直流电传动）国产客货两用干线电力机车，在 20 世纪七八十年代一度成为我国电气化铁路干线的主型电力机车。该机车 2013 年退役，2013 年 11 月 22 日顺利安放在学校机车博物园的铁轨上。

4. CFC-01 交大磁浮列车

这是中国第一辆具有自主知识产权的磁浮列车。2006 年青城山中低速磁浮车工程试验线联调成功，宣告青城山中低速磁浮车正式开始试验运行，这也标志着中国第一辆具有自主知识产权的磁浮列车在实地正式试验运行，同时也说明中国在技术层面上已经完全有能力建设中低速磁浮车工程应用线。磁浮车外形流线非常优美，车身长 11.2 米，宽 2.6 米，高 3.3 米。CFC 代表“磁浮车”，也代表“城市快车”。“01”代表着 NO.1，“CFC-01”是第一辆中国人自主研发、且在中国人自己设计的工程试验线上运行的磁浮车。

（四）“竢实扬华”浮雕墙

图 6-5 “竢实扬华”浮雕墙

“竢实扬华”浮雕墙是学校 110 年校庆之际，由北京校友会出资、学校徐伯初教授设计修建的，是学校最具代表性的文化景观之一。

1916 年，民国政府教育部在北京举办全国高校学生成绩展览，参展的高等学校共 71 所，学校得分为 94 分，名列第一。依据教育部拟定的奖励办法，90 分以上者列为头等，给予优秀奖状，由教育部发给第一名匾额。同年 12 月，教育部向学校颁发“优等奖状”外，时任教育总长范源濂特奖学校“竢实扬华”匾额一方。浮雕墙正面浅浮雕刻绘了山海关北洋铁路官学堂、交通大学贵州分校，以及学校现有——九里、犀浦、峨眉校区的校门。浮雕墙正中顶端正圆镂空，放置了学校铜铸校徽，墙体两侧分别展示了学校第一张毕业证书、校歌、交大颂和校史沿革。墙体背面为学校校址搬迁图，镶嵌有学校各时期校章，再现了学校辗转于祖国大江南北的百年沧桑和风雨历程。

浮雕墙左侧的毕业证书为 1900 届学生张孝基的毕业证书，是国内现有最早的大学毕业文凭，长 47.3 厘米、宽 33.5 厘米，尺寸相当于现在大学毕业证书的 4 倍，毕业证的底色是淡蓝色，毕业证的材质是布纹纸。

（五）先贤塑像群

西南交大培养和造就了众多栋梁英才，先贤们闪亮的名字如灿烂群星，至今令人动容。其中，1933 届土木系一个班同时出了四位院士——林同骅（学号 A644）、张维（学号 A628）、严恺（学号 A657）、刘恢先（学号 A633），这在中国教育史上恐怕绝无仅有。四位院士分别成为航空工程、壳体结构、水利和地震工程四个领域的翘楚。无独有偶，1943 届矿冶系一个班也同时出了三位院士——徐采栋（学号 B420）、肖纪美（学号 B411）、邱竹贤（学号 B534），成为学界美谈。

1. 罗忠忱塑像

图 6-6　罗忠忱塑像

位置：南门西北侧，机车博物园对面。

罗忠忱（1880—1972），工程教育家，留美归国后，终身在校任教，为学校的第一位中国教授。罗忠忱桃李满天下，当时国内主要铁路及公路的技术骨干多出其门下，其学生中不少人成为知名学者，茅以升、林同炎、林同骅、张维、刘恢先、严恺、谭靖夷、陈能宽、姚桐斌等均曾受教于罗忠忱。

罗忠忱半身像于 2006 年在犀浦校区落成，雕塑的背后镌刻着其学生黄万里撰写的祭文，第一段中有这样几句："弟子曾在学十九年，承恩中外师长不啻百人，然论教诲恳切，授法精湛，任职认真，视学校如家庭，学生如子女，六十年如一日，盖未有出吾师之右者，伟哉师 乎!”罗忠忱另一学生茅以升曾说过:“如果说对我有重大影响的好老师,不是别人,正是罗忠忱教授。”作为学校历史上赫赫有名的“五老”之首,罗忠忱受到学生及交大后人极高的赞誉，赢得一代又一代交大人的无限景仰和缅怀。

2. 黄万里塑像

图 6-7　黄万里塑像

位置：罗忠忱纪念碑后。

黄万里(1911—2001),著名水利工程专家,工程教育家。

黄万里为人正直严谨，追求科学真理，把毕生心血献给了祖国大江大河治理和水利事业，是学校培养的优秀知识分子的代表。1955 年，黄河三门峡大坝工程动工，黄万里在规划方案讨论会上坚决反对修建水库，虽未被采纳，但并没能改变他的立场，直到生命的最后一刻他落泪立遗嘱，内容仍为治江治河。

2013 年 11 月 23 日，黄万里纪念活动在犀浦校区举行。在黄万里亲属、学校校友及师生代表的共同见证下，由西南交大唐山校友会捐赠的黄万里纪念塑像正式揭幕落成。茵茵碧草中，黄万里衣着朴素，身后的黑板上写满方程式，下方有一句他的诗文——“临危献璞平生志”。黄万里不仅是一位杰出的水利工程学家，还是一位才华横溢的诗人，崇尚自然科学，更热爱人文历史，极有生活趣味。

3. 张维塑像

图 6-8　张维塑像

位置：校园人文中轴线一、二号教学楼之间。

张维（1913—2001），著名力学家、教育家，中国科学院院士、中国工程院院士。张维在海内外享有盛誉。他心系祖国，胸怀天下，有着浓浓的家国情怀，令人敬佩；心系母校，支持母校，深深爱校情怀，令人动容；治学严谨，宽厚仁爱，有深厚的大师风范，令人景仰。

2013 年 12 月 18 日，时值张维 100 周年诞辰，张维纪念塑像在犀浦校区落成。张维院士坐在一块长年磨蚀成型的大型条石上，眼含笑意、面容亲切，显示出强大的内心和宽容、坚忍的精神；他手持书卷，气宇轩昂，显示出学者的大家风范；他手扶膝盖，似要起身，又似将坐下，姿势生动而鲜活。

4. 孙中山塑像

图 6-9 孙中山塑像

位置：校园人文中轴线五号教学楼前。

孙中山（1866—1925），中国民主革命的伟大先驱。为纪念辛亥革命 100 周年，弘扬孙中山“天下为公，世界大同”的思想，孙中山的孙女孙穗芳在全世界范围内捐赠祖父铜像 100 尊，第 77 尊落成于西南交大。孙中山与学校结缘颇深。1912 年，孙中山开始从事实业活动，尤其热心于铁路建设。1912 年 9 月，时任中国铁道学会会长的孙中山来到唐山铁路学校（西南交通大学曾用名）视察，并发表了“革命需要武装、建设两路大军”的著名演说。孙中山之子孙科曾于 1928 年至 1930 年任交通大学校长。

此尊塑像塑造了青年时代孙中山的形象，人物身着旧式长袍，双手捧书，目及远方。塑像加基座总高约 4 米，基座由八角形花岗岩制造，形同八角形的水井，寓意“饮水思源”。铜像底座镌刻有“天下为公”字样及孙中山先生视察学校的历史等内容。

5. 刘恢先塑像

图 6-10　刘恢先塑像

位置：校园人文中轴线二号教学楼东北侧。

刘恢先（1912—1992），结构工程和地震工程专家、中国地震工程学的奠基人之一，中国科学院院士。刘恢先治学严谨，一丝不苟。在他的悉心培育下，几百名科技工作者成长为高级科技人员，他的很多学生都成为中国工程力学界、地震工程界的骨干力量。

2013 年 3 月 7 日，学校举行刘恢先百年诞辰纪念大会，同时，刘恢先纪念塑像在犀浦校区落成。塑像的基座底部呈金字塔形向外斜伸，两侧形如桥拱，基座中部设计有由弹簧等部件连接而成的减震装置，突出了他毕生为中国地震学乃至世界地震工程作出的跨越式贡献。

6. 严恺塑像

图 6-11　严恺塑像

位置：校园人文中轴线四、五号教学楼之间。

严恺（1912—2006），水利和海岸工程专家，中国科学院院士、中国工程院院士。

严恺一生追求真理、造福人民、服务国家，把毕生精力献给了祖国的水利建设和教育事业。其为人朴素、为学严谨，熟悉他的人都知道他有一件老羊皮布面旧大衣，还有一块形影不离的旧怀表。这件大衣是他 20 世纪 30 年代从荷兰留学回国，参加黄河中上游测量地形时穿的。几十年过去了，他一直舍不得丢。而他的旧怀表是 20 世纪 30 年代在欧洲学习时买的。严恺主持召开过成百上千次会议，每次会议开始，他第一个动作就是把怀表从身上取下，放到自己桌子前，以便严格掌握时间。

2013 年 1 月 28 日，为纪念严恺 100 周年诞辰，严恺纪念塑像在犀浦校区落成。

7. 方俊塑像

图 6-12　方俊塑像

位置：校园人文中轴线四号教学楼前。

方俊（1904—1998），大地测量学家、地球物理学家，中国科学院院士。方俊于 1923 年考入交通部唐山大学（西南交通大学曾用名）预科。后赴德国进修，师从著名重力测量学家迈塞尔学习地球重力学。

在德期间，由于日寇侵华，经济来源中断，方俊不得不求助于德中协会。该协会的秘书是纳粹分子，告知方俊："继续留下，想得到一笔留学费用，可以，但要填一张'表'。"方俊怒上心头："要我屈志随人，变节卖国，不可能！"随即拂袖而去。

2014 年 5 月 10 日，为纪念方俊 110 周年诞辰，深切缅怀方俊院士艰辛探索、开创伟业的一生，方俊纪念塑像在犀浦校区落成。老先生紧锁双眉，凝视着远方，一如他过去的亲切、质朴。地球形状的基座上经纬线相交，寓意老先生一生和地球母亲心灵的对话。

8. 林同炎塑像

图 6-13 林同炎塑像

位置：校园人文中轴线三、四号教学楼之间。

林同炎（1912—2003），美国工程院院士、中国科学院外籍院士、中央研究院院士。他是第一位获得美国国家科学奖的华裔科学家。

中国科学院和中国土木工程学会对林同炎为人处世和奋斗一生创造的不朽业绩给予了高度评价，称之为“华人之楷模，值得后人永远铭念、敬佩、学习”。

2012 年 11 月 29 日，这位世界著名结构大师 100 周年诞辰之际，林同炎纪念塑像在犀浦校区落成，以缅怀林同炎的杰出成就，传承专业精神和高尚品格。纪念塑像采用桥拱式设计，有三个含义：其一，林同炎设计了众多著名的桥梁，桥是很好的表现形式；其二，林同炎有着“预应力混凝土先生”之誉，以拱桥为形式正体现了他对预应力理论的创新；其三，桥象征着人类沟通交流的愿望。

林同炎出身书香门第之家，他的堂兄弟林同骅亦为美国工程院院士、中国科学院外籍院士，另一堂兄弟林同骥为中国科学院院士。

9. 曹建猷塑像

图 6-14 曹建猷塑像

位置：十号教学楼（电气馆）前。

曹建猷（1917—1997），铁道电气化专家，美国麻省理工学院博士，回国后到学校任教，一直致力于我国高等教育和铁道电气化的开发研究。

作为中国铁路电气化的奠基人，曹建猷曾在小传中写道："我们在电流制问题上没有走弯路，这也是我对我们的祖国的一点点贡献。"他一生专注于事业、淡泊名利。曹建猷生前，有杂志编辑三次从北京赶来求题词，盛情之下，他写下一句座右铭："一切为了祖国，为了祖国建设。"但在日记中他又如是写道："其实平日想得最多的还是诸葛亮那句'鞠躬尽瘁，死而后已'。"

2016 年 5 月 14 日，适逢曹建猷百年诞辰，为缅怀他的辉煌成就，弘扬其爱国爱校情怀，由曹建猷基金会出资、徐伯初教授设计的曹建猷纪念塑像在犀浦校区落成。

10. 徐家增塑像

图 6-15　徐家增塑像

位置：犀浦校区体育馆南侧。

徐家增（1909—2001），体育教育家，学校体育部原主任，曾任河北省唐山市政协委员、唐山市体委副主任、中华体育总会摔跤协会委员、唐山市足协副主席等职。1950 年 6 月受聘为学校教授，前后担任体育部副主任、主任，为学校体育事业的振兴作出了重要贡献。

抗日战争时期，为了让学生们有体育器材可用，徐家增不顾千里跋涉，将笨重的单杠、双杠、跳远撑杆等体育器材拆卸随身搬运。当时的学生没有不认识徐教授的，几十年后，很多学生依然能清楚记得老教授在内迁时期奋进乐观的音容笑貌。

2012 年 8 月，徐家增塑像在犀浦校区体育馆前落成。

（六）校史馆

图 6-16　校史馆

校史馆是为庆祝学校建校 120 周年，于 2016 年 5 月 13 日正式建成开馆的。校史馆馆名由沈志云院士亲笔题写，全馆面积 4 200 平方米，由常规展厅和机动展厅两部分组成。常规展厅包括校史沿革展、办学成果展、杰出校友展等。机动展厅无常规日常展示内容，一般根据需要临时布展。校史馆展现形式生动多样，除安放展板、展品等常规布展方式外，还采用了电子翻书、多点触控电子地图、幻影成像等科技展示手段，辅以油画、雕塑、景观复原等多种艺术展示手法，实现了艺术与科技相融合、传统与现代相贯通的展示效果。

校史馆藏品十分丰富，已展出展品 200 余件，已整理待展出展品 500 余件。在众多展品中，由清光绪皇帝御笔朱批的 1896 年直隶总督兼北洋大臣王文韶奏设铁路学堂片、中国现存最早的毕业证书——学校 1900 届学生张孝基毕业证书、1911 届学生黄寿颐毕业证书、1933 届“一班四院士”所在班级学生成绩单、1947 年校庆汉白玉纪念碑、抗美援朝工程队获颁勋章、英国前首相卡梅伦祝贺学校利兹学院成立之贺信、国务院副总理刘延东致学校校庆的贺信、昆明铁路局校友捐赠的东方红21型内燃机米轨机车等，都具有极高价值。

（七）犀浦校区图书馆

图6-17 犀浦校区图书馆

犀浦校区图书馆于2007年8月落成，依水而建，风景独好，建筑面积3.6万平方米，藏书约70万册，是学生借阅书籍、查找文献的主要场所。清光绪皇帝御赐学校的《钦定古今图书集成》，至今还保存在犀浦校区图书馆五楼，为学校图书馆的镇馆之宝。该套类书编制历时两朝28年，正文10 000卷，采集广博，内容丰富，无所不包，被称为“古代百科全书”，与《永乐大典》《四库全书》并列为中国古代三大皇家巨作。

图书馆二楼平台两侧是出自学校徐伯初教授之手的浮雕墙，四块浮雕分别生动刻画了中国古代科技发展史、中国现代科技发展史、中国铁路发展史和西南交大校史。

（八）钟亭

图 6-18　钟亭

钟亭位于浙园东侧，由唐山市政府于学校 110 周年华诞之际捐赠。钟亭是犀浦校区人文中轴线的终点，其底座四周书有二十四节气和四个非常重要的校址搬迁年份，钟楼主体四周分别镌刻着“山海关”“唐山”“峨眉”和“成都”字样，标示着学校四个重要办学时期和主要搬迁历程。钟体上镌刻着“竢实扬华”四个大字和《源远流长 百年情深——唐山与西南交通大学历史渊源记》，充分展现了唐山市与学校的深情厚谊。

（九）堂吉诃德塑像

图 6-19　堂吉诃德塑像

堂吉诃德是文艺复兴时期塞万提斯现实主义巨著中的人物，也是世界文学史上一颗璀璨的明珠。塑像位于体育馆东入口东南侧，整体抽象为由三角形拼接而成，其手臂上的两只鸽子极度写实，抽象和写实的结合相得益彰，将堂吉诃德的形象展现得栩栩如生。此人一方面脱离现实，企图仿效游侠骑士的生活；另一方面心地善良，立志铲除人间邪恶，是一个可叹又可敬的理想主义人物，是幽默文学中一个不朽的典型。

二、九里校区

图 6-20　九里校区平面图（占地面积 72.07 公顷）

（一）九里校区南大门

图 6-21　原九里校区南大门

图 6-22　九里校区南大门（2013 年启用）

九里校区南大门作为校区的主校门，先后经历了两次设计修建。

1984 年，九里校区正式开始规划建设，南大门自 1986 年开始设计，1992 年底竣工，三角门方案因与校园整体景观更加融合且寓意深远而获选为正式方案，其尖顶的设计，一来寓意培养雄厚基础的顶尖人才，二来寓意延伸的铁轨。大门左侧是毛体校名、学校早期所在地“唐山”和建校年份“1896”字样，右侧书有现英文校名和“唐山工学院”（学校曾用名）的英文简称“TEC”。

2012年5月，成都市启动二环路改扩建工程，根据统一安排和要求，九里校区南大门及周边围墙、景观需后退12米。当年11月，三角门正式拆除，在建成20年后成为了历史。

现在九里校区的南大门于2013年6月竣工，学校就新南大门的设计方案组织了5次专家论证会，新方案从外观到选材，都延续了自唐山以来百余年交大的文化气息和历史元素，并与现代建筑风格相结合，富含着开放、包容、严谨、庄重的寓意。

（二）“聚与散”雕塑

图6-23 “聚与散”雕塑

九里校区南门入口即为学校百年校庆纪念雕塑，雕塑于1996年建校100周年时所建，名为“聚与散”，它与四周的台阶、草坪、水池等和谐地融为一体，构筑成一个直径100米的圆形建筑，纪念学校走过的百年历程。纪念雕塑主体的中心是一个镀金铜球，象征着西南交大师生无穷的知识和力量的源泉，寓意万千学子“竢实扬华”的远大抱负和强大的内聚力；周边渐次展开簇拥向上的多面体，如同绽开的花瓣，又像丰满的羽翼，昭示着百年交大桃李芬芳、硕果累累，昭示着交大人一个世纪以来力创辉煌业绩、为祖国繁荣昌盛与人类进步作出的卓越贡献。铜球与多面体相互交错、彼此呼应，展现出广大校友对母校深沉的眷恋之情，表达出交大学子心系母校、情系中华的赤子情怀。

（三）“交大之声”钟塔

图 6-24 “交大之声”钟塔

“交大之声”钟塔位于九里校区南门东侧大学生会堂前，是 1996 年纪念百年校庆所建。塔身高 18.96 米，寓意学校创建于 1896 年；加上塔上顶针塔身净高 19.96 米，寓意学校建校百年的风雨历程。“交大之声”以白色瓷砖为底色，衬以蓝色玻璃，矗立于葱郁的草木间，静默不动而又“时时前进”。交大之声，是悦耳的读书声、激昂的奋进声；交大之声，是交大百年的心声，声声不息，声名远扬。它具象了一个世纪以来的时间足迹，以深沉的意蕴昭示着学校风雨兼程、弦歌不辍的历史，时间向未来延伸，西南交大将迈着更加坚定的步伐阔步前进。

（四）茅以升塑像

图 6-25　茅以升塑像

茅以升塑像坐落于九里校区图书馆前，于 1991 年学校 95 年校庆、茅以升 95 周年诞辰之际揭幕，其作者是著名雕塑家、四川美术学院原院长叶毓山教授（毛泽东纪念堂毛主席坐像创作者）。塑像寓意为“百年交大的历史犹如时空隧道，而茅以升是交大时空中璀璨的一颗星”。塑像左侧是分离出的 1/8 球体，上有机车、隧道等浮雕，虚实结合；右侧是 1/4 铸面，在结构上似一桥梁支撑，造型上起美化作用；中间有一个大圆球，与不远处“聚与散”雕塑的主体铜球遥相呼应，象征累累硕果。

（五）茅以升图书馆

图 6-26　茅以升图书馆

茅以升图书馆即九里校区图书馆，建于1991年，面积近1.7万平方米。为弘扬茅以升“爱国、科学、奋斗、奉献”的伟大精神，学校于2016年纪念茅以升120周年诞辰之际举行了茅以升图书馆揭牌仪式，茅以升科技教育基金会秘书长茅玉麟与学校领导共同为茅以升图书馆揭牌。

（六）镜湖

图 6-27　镜湖

镜湖是学校一大胜景，位于九里校区西侧，水域面积3.1万平方米，连接校内教学区的大部分楼宇。取名“镜湖”，是为纪念学校一代宗师、“交大五老”之一、德高望重的伍镜湖。镜湖的柔美给校园平添了许多诗情画意的景致，尤其在夏季晴好时，微风拂面，杨柳依依，湖面荷花绽放，美不胜收。师生常沿湖边漫步，即便是学习工作的路上从湖畔经过，亦感心旷神怡。曾有校友作诗云：“岸柳既依依，臻风徐且微。镜湖何济济？交大绿柔衣。”

（七）“思源”碑

九里校区学术交流中心旁树立着一块镌刻着“思源”字样的花岗岩石碑，是1933届校友张维等为纪念母校百年校庆敬立。“思源”碑质朴无华，却蕴意深厚。底座铺满暗红色的小瓷砖，寓意万千校友情系母校，永远不忘为母校的建设添砖加瓦；另一层深意，即今天所熟知的五所交通大学——西南交通大学、上海交通大学、西安交通大学、北京交通大学、新竹交通大学，在历史上曾经有着共同的源头——交通大学。五所交大同源而立，回顾百廿余年的辉煌岁月，一部交大史既折射出中国近现代教育史发展的曲折坎坷，更体现着无数交大人爱国爱校、自强不息的精神。从叶恭绰把“交通大学”这一崭新的名字带入人们的视野开始，交通大学的发展便始终与国家命运紧密相连，数代交大人更以智慧、辛勤和毅力为国家富强、人民福祉贡献力量。

图 6-28 “思源”碑

（八）詹天佑体育馆

图 6-29 詹天佑体育馆

詹天佑体育馆位于九里校区田径场和足球场之间，正门上方的“詹天佑体育馆”几个大字由江泽民同志亲笔题写。体育馆内设备先进齐全，有室内篮球场、羽毛球场、乒乓球场、舞蹈房、体操器械等，馆内空间宽敞，环境舒适。

1900 年，山海关北洋铁路官学堂 1898 级、1899 级两个班的学生前往山海关外新筑线路大小凌河工程参观，时任主任工程师的詹天佑亲自带领学生参观桥梁墩台、拦水坝工程，此后还亲自指导了学堂第一、二期毕业生现场实习。1905 年京张铁路开建，詹天佑任总工程师。为顺利修建京张铁路，詹天佑千方百计地把分散在中国各地的铁路学校毕业生与工程技术人员延聘至京张铁路，以山海关北洋铁路官学堂的学生最多。与此同时，学校学生的工程技术水平和科学素质在工程实践中得到了大幅提升，这些学生也成为詹天佑后来主持修建的川汉铁路、粤汉铁路等工程的技术骨干。

1919 年，詹天佑先生逝世，其亲属秉承先生爱国兴路的遗志，捐建学生宿舍楼。1931 年宿舍楼落成，并以詹天佑的字命名，称“眷诚斋”（詹天佑，字眷诚）。此名一直沿用至今，表达了对一位伟大铁路工程师的永恒纪念。而在贵州平越办学期间，为激励学生以詹天佑为榜样，以中国铁路事业发展为己任，学校又将当时由考场改建的宿舍楼命名为“天佑斋”。1996 年，江泽民同志为九里校区体育馆落成题名“詹天佑体育馆”，馆前立有詹天佑家乡向学校赠送的詹天佑塑像。

三、峨眉校区

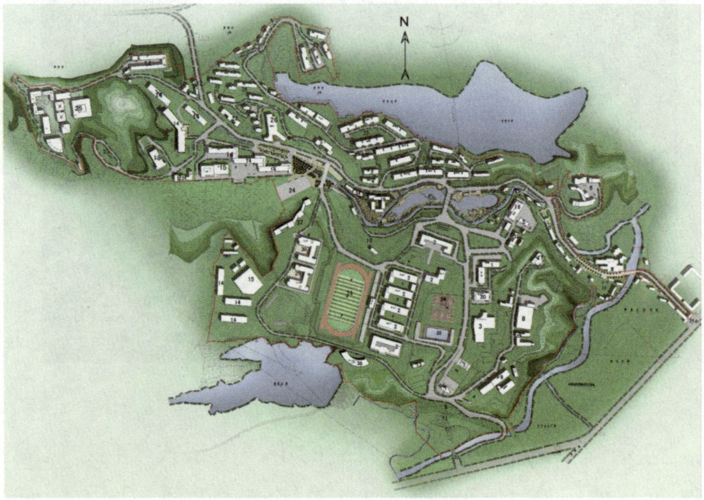

图 6-30　峨眉校区平面图（占地面积 67.48 公顷）

1965 年 3 月 10 日，中共中央正式下文批准唐山铁道学院内迁四川省，在峨眉县马路桥镇与黄湾村之间的丘陵荒地建校。

从北方重要的工业城市唐山，迁址西南地区的峨眉山下，搬迁距离之远，环境落差之大，在全国高校中绝无仅有，但交大人毫无怨言、服从决定，义无反顾迁址峨眉。当时，峨眉校址地处山区，交通不便，条件极差，学校搬迁物资有 400 多节火车皮，但峨眉校址远离火车站，所有的装卸、搬运全靠教职工肩挑背扛完成。到峨眉后，工作和生活条件的艰苦，绝非今天所能想象。房屋严重短缺，只能用自己动手建造的质量很差的干打垒式简陋屋棚应付，实验设备、图书资料更是无处存放，只能日晒雨淋。为了维系正常办学秩序，迁到峨眉的交大数代人，克服重重困难，自己动手、迁校建校，用青春与汗水，在异常恶劣的自然环境条件下开荒拓源、平地建场，硬是在原始山林中建造出一个风景如画的美丽校园。

（一）忠字门

图 6-31　忠字门

“忠字门”是学校迁至峨眉后的第一座正式校门，建成于 1968 年。校门高 12.26 米，以此数字纪念毛泽东同志的诞辰日——1893 年 12 月 26 日。三重檐从上到下高度分别为 10.1

米、8.1 米和 7.1 米，分别代表中华人民共和国成立、中国人民解放军建军和中国共产党建党纪念日。校门刚建好时，正中还题写有“唐山铁道学院”字样。基于建造时的时代背景，校门也被大家称为“忠字门”。后来，随着时代的变迁，峨眉校区在建设发展中又有了面向旅游风景区的新校门，师生则因其样式，改称其为“校名老牌坊”了。

（二）名山电影场

图 6-32　名山电影场

建成于 1968 年的名山电影场，位于峨眉校区中山梁与东坡之间的山坳里面，属于峨眉校园名山区域，故而得名。电影场形状类似于现代的体育场。底部一片平地，前面是主席台，其余三面是人工砌起的台阶，成为理想的看台。电影场的主席台，是一个加穹顶的大台子，木地面，两侧有木制楼梯，上去可以放置灯光和音响，更可以牵挂四重大幕。主席台正面两边幕墙上书写着两组气势雄浑的大字——“领导我们事业的核心力量是中国共产党”和“指导我们思想的理论基础是马克思列宁主义”，语出 1954 年全国人大一届一次会议的开幕词。这个台子在当年全校集会时可以作主席台，师生文艺汇演时可以作为舞台。当然，作为电影场，那时更多是用来放映电影给广大师生观看，一周一次，往往成为学校乃至周边居民的节日。

（三）中山梁体育场

图 6-33　中山梁体育场

中山梁体育场位于峨眉校区南部教学区内，是学生活动最为集中的区域。1971 年校内多座小山并立，地势起伏不平，道路曲折，每个教学部门各自在一个山头，形成了“占山为系”的有趣格局。山丘给学校办学和师生出行带来了诸多不便，学校按照教学、科研、行政办公、生活的需要，决定削平中山梁的山头，建立教学区、建造体育场。中山梁过去是一座海拔 500 米的大山，与西山梁遥遥相对，中间是一条 20 多米深的峡谷，峡谷底部与今天的 200 米铁路综合实践基地平行。修建工程从 1973 年开始，当时用了 50 吨炸药对中山梁进行爆破，后由建校工程处与机械系师生一起进行了为期一年的机械化施工，将中山梁山顶削去 18 米，西山梁也相应削低，削去的土方推入了两山之间的峡谷，填积推平形成了一个多功能体育场。如今的体育场拥有标准化足球场，400 米塑胶跑道可容纳 4 000 人左右的看台。此外，还有篮球场、排球场和跳远场地。

（四）157 阶

图 6-34　157 阶

157 阶是峨眉校区内一处著名的阶梯，得名于 157 个台阶。157 阶建于 20 世纪 60 年代，连接枫林桥和西山梁，沿乌龟山修建。起初这段阶梯共有 158 阶，后来因中山梁主干道路硬化而将最下面的一阶吞噬，变成了如今的 157 阶。该阶梯的修设就是为了方便师生通行，缩小校园内各功能区的空间距离，但出乎意料的是这样一条在当时不起眼的阶梯却成了日后校园的重要坐标，成为交大校园的著名标志之一。

157 阶倾注着交大学子的复杂情感，着急办事经过这里的时候总焦急地抱怨着 157 个台阶怎么这么长，无论如何都走不到头；可若是闲时在校园漫步，或恋爱中的男女生相伴同行时，它却变得格外有意趣，无论白日间的绿树掩映、鸟语花香，还是夜幕里的路灯光影、欢声笑语，都值得细细琢磨、细细品味，一转眼就走完了。157 阶是一个印记，每个交大人一定都能回忆起第一次边走边数，确认是不是名副其实真有 157 个台阶时认真的样子，它早已不仅是连通地理位置的普通阶梯，更是交大学子对这段青春岁月、奋斗时光的情感寄托，是最温馨浪漫的校园回忆。

（五）尧茂书塑像

图 6-35　尧茂书塑像

1985 年的夏天，电教中心摄影师尧茂书，以首漂长江的壮举，成为震动中国的风云人物。他也将自己年轻的生命，永远沉浸在滚滚长江的波涛中。在当时的时代背景下，“长漂”这样惊世骇俗的举动，召唤的是理想主义的热情，一定程度上唤醒了人们沉睡的思想，与国家的进步、民族的荣誉紧密联系在一起。“小我”的意义，在“大我”的背景下激发出更为猛烈的能量。1986 年 12 月，尧茂书塑像在峨眉校区落成，2009 年从原四号桥绿化带搬迁至明湖畔。正如基座铭文所说：“尧茂书烈士的爱国探索精神永垂不朽！”尧茂书的爱国至上、爱校如家的情怀和勇于迎接挑战的精神，也丰富了交大精神的内涵，激励着一代代交大学子不断前进。

第七章 交通天下

一、詹天佑与西南交大[①]

詹天佑的功绩建树、道德风范是西南交大师生学习效法的楷模。

詹天佑，字眷诚，是中国近代铁路工程专家，被誉为中国首位铁路总工程师。詹天佑1861年生于广东省南海县；12岁时考取清政府幼童出洋留学计划；1881年，毕业于美国耶鲁大学土木工程系铁道专业，同年回国；1888年，开始从事铁道工作；1905—1909年主持修建中国自主设计并建造的第一条铁路——京张铁路，创设“竖井开凿法”和“人”字形线路，震惊中外；1913年，被推选为首任中华工程师会（1915年改名为中国工程师学会）会长；同年，还被任命为交通部首任技术总监，管理全国交通技术工作；1919年，在汉口逝世，享年59岁。

1. 詹公建路 培养青年

詹天佑与西南交大的渊源很深。西南交大的前身——山海关北洋铁路官学堂，1900年有17名学生毕业，25名学生肄业，他们是我国自己培养的第一批铁路高级技术人才。1905—1909年，詹天佑主持修建的京张铁路是我国自己勘测设计、自己建设通车的第一条铁路，开辟了由中国工程师修建中国铁路的先河。

1905年年初，詹天佑受命勘测并修建京张铁路，担任总工程师兼会办（后任总办）。当时英俄两国争夺筑路权相持不下，最后达成协议：在不雇佣外国工程师的前提下，才允许中国人自己修建。詹天佑认为：“我国地大物博，而于一路之工，必须借重外人，引以为耻。”他深感若不能建成此路，必将“贻笑于邻国”。但那时有修建铁路经历的中国工程师极为缺少，勘测京张铁路时，仅有两名技术助手，他们就是山海

---

① 本部分资料来源于《詹天佑与唐山交大的渊源》(《科学时报》2016-06-21)。编者略有加工。

关北洋铁路官学堂第一届毕业生徐文炯、张鸿诰。

京张铁路修建时，詹天佑仅延揽邝孙谋（留美同学，供职关内外铁路）、颜德庆（留美回国，供职江苏铁路）和沈琪、陈西林、翟兆麟、俞人凤、柴俊畴（天津北洋武备学堂1893年铁路工程班首批毕业学生）等人，其他多是山海关北洋铁路官学堂第一届毕业生和部分肄业生，包括徐文炯、张鸿诰、耿瑞芝等16人，他们是京张铁路基层技术人员的基本力量。

1909年，京张铁路提前两年建成，工款还结余28万两白银，10月2日在南口举行通车典礼，极大地振奋了中国人奋发图强的信心和勇气。正如大会上广东代表所说："詹总办独具匠心，不假外国人分毫之力，筑成此路，为中国人吐气矣……铁路工程既可由中国人自筑之，全国矿务、机器、工厂，中国人也能自为之。"这是詹天佑丰功伟绩的重大意义，也反映了山海关北洋铁路官学堂培育人才的卓越贡献。当时，清政府邮传部奏准给予奖升的帮工程司有5人，其中4人是山海关北洋铁路官学堂毕业的学生。

詹天佑深感中国工程技术人员的匮乏，对山海关北洋铁路官学堂的青年十分珍视、多方培养，使他们在京张铁路的修建中迅速成长，很多毕业生在汉粤川铁路上，成为詹天佑督办的技术骨干。

詹天佑并非学校毕业生，称其为校友，主要基于以下事实：

1919年2月9日，唐山工业专门学校在北京成立校友会，选举詹天佑为理事。《唐山工业专门学校杂志》1919年第一期记载："旅京校友会于1919年2月9日在北京桃李园集会……当场议定简章，举出干事，其职员如下：理事有章宗元（当时校长）、詹天佑、关赓麟、华南圭、赵世暄、唐在贤。"该杂志刊载的《唐山工业专门学校校友会简章》第六条："本会公推相当之人为名誉会长及名誉会员。"据此，詹天佑当为校友会公推之名誉会员，并被选为校友会理事。

1931年3月30日,《交大唐院周刊》第24期刊载有《唐山交通大学校友会总会(分会)简章》，其中关于“会员”的规定更为明确，可资佐证，“会员：凡在交通大学肄业或毕业之同学，过去或现在之教职员，均为本会会员；凡工业界夙著声望或热心帮助母校者，得被选为本会名誉会员”。

西南交大九里校园建有眷诚斋，犀浦校区建有天佑斋。眷诚斋、天佑斋是为纪念詹天佑而命名的。最早的眷诚斋是1931年在唐山校园建成的三层楼学生宿舍;《西南交通大学大事记》称：8月1日“由詹天佑家属捐款新盖之学生宿舍大楼落成，为了纪念中国第一位铁路工程师詹天佑，以他的号命名为眷诚斋”。

1934年毕业校友李温平在《忆念杜镇远》一书中提到“詹天佑并非唐山交通大学出身，却在1912年捐资10万，在唐山交通大学建眷诚斋楼一座，供后继青年使用”。1900年第一届毕业校友邱鼎汾提到，“詹天佑捐资修建眷诚斋”。1933年毕业校友李汶谈到，“眷诚斋系詹天佑家属捐款修建，建成后我们班级是第一班住进去的”。目前大致可以推断，唐山交通大学的眷诚斋建楼投资大约八九万元，其中有以詹天佑名义的捐款，眷诚斋是出于对詹天佑的景仰、纪念他的丰功伟绩、高风亮节而命名的。

2. 风范常在 楷模永存

詹天佑是中国杰出的铁路工程技术专家，立足铁路的西南交大一直把詹天佑的丰功伟绩、道德风范作为教育学生的生动教材。正如1933届毕业生张维（两院院士、曾任清华大学副校长）所说，詹天佑“这些光辉的业绩，我在上大学的时候就已很熟悉，受到了爱国主义教育”。

学校在迁建峨眉前，土木系历届学生都把京张铁路的关沟段作为实习基地，到八达岭、青龙桥去参观詹天佑的工程成就，瞻仰詹天佑铜像，缅怀詹天佑的丰功伟业和爱国爱路的高贵品质。

学校九里校区建有巍峨的詹天佑体育馆，馆前矗立着詹天佑塑像；峨眉校区图书馆前、犀浦校区机车博物园内也有詹天佑塑像；犀浦校区还建有天佑斋学生宿舍。詹天佑的风范常在，楷模永存。2007年，西南交大还选拔了品学兼优的新生，成立詹天佑班，在詹天佑爱国爱路的精神鼓舞下，以詹天佑为楷模，培养拔尖创新人才。

图 7-1　西南交大峨眉校区图书馆前的詹天佑塑像

为了纪念詹天佑对中国铁路事业发展的丰功伟绩，继承和弘扬詹天佑爱国、创新、自力更生、艰苦奋斗的精神，奖励在铁路科技领域作出突出贡献的科技人员，促进铁路事业的繁荣和人才的成长，中国科学技术发展基金会设立了詹天佑铁道科技发展基金和詹天佑铁道科学技术奖，共设5个奖项：詹天佑大奖、詹天佑成就奖、詹天佑贡献奖、詹天佑青年奖、詹天佑专项基金奖。自1993年开始，每两年评奖1次，截至2019年，共评奖14次，西南交大获得詹天佑大奖的有：曹建猷、沈志云；获得詹天佑成就奖的有：沈志云、王夏秋、任朗、钱清泉、张卫华、郝瀛、赵永翔、高仕斌、关宝树、陈小川、翟婉明、彭其渊、姚令侃、何川、倪少权等。

詹天佑的卓越成就、爱国精神和道德风范将永远鼓舞激励着西南交大师生自强不息、开拓创新，勇攀高峰、再创辉煌。

二、西南交大与成昆铁路

成昆铁路是中国西南地区的干线铁路之一，也是中国三横五纵干线铁路网的重要一纵。成昆铁路始建于 1958 年，1959 年至 1969 年期间，成昆铁路多次停工后再复工，1970 年 7 月 1 日，成昆铁路全线竣工运营。成昆铁路是一条在极限环境中修建的高规格、高质量铁路，中国铁路建设者以极其伟大的创造力在人类工程史上留下辉煌的篇章，更全面塑造了中国的铁路工程能力。而作为迁校、建校于成昆铁路旁的西南交大，则充分发挥专业特色和行业优势，从科研服务、人才培养等多方面为成昆铁路建设提供了强有力的支撑。

1. 王金诺教授：攻克成昆铁路铺设难题

成昆铁路是西南地区乃至我国重要的铁路干线，与美国的阿波罗带回的月球岩石、苏联的第一颗人造地球卫星，被联合国并称为“象征二十世纪人类征服自然的三大奇迹”，成昆铁路全程隧道占比 25%～30%，修建成昆铁路前，国内还没有隧道铺轨的经验。1968 年，“全国铺轨机战斗组”在沈阳成立，汇聚了全国 30 名技艺精湛的技术人员，西南交大王金诺教授就在其中任副组长。“隧道空间小、弯道多，常规的铺轨机体积大、悬臂高，必须改良。”然而，当时相关文献资料奇缺，在交通条件极其不便的情况下，王金诺单是跑北京图书馆都好几次。历时两年半，团队终于自主研发出了新型铺轨机。

与传统悬臂向外铺轨的方式不同，新型铺轨机悬臂短而低，抓住轨道向“肚子内”铺设，不仅缩小了铺轨机的体积，还提高了机器稳定性。技术很快落地，1969 年，成都、昆明两地各一台新型铺轨机对向铺轨，终于在 1970 年 7 月 1 日顺利通车。带着这项技术研发，王金诺教授作为西南交大的唯一代表，参加了 1978 年的全国科学大会，新型铺轨机也获得了全国科学大会奖。

2. 简克良教授：成昆线上的一场“教改”

在成昆铁路建设过程中，西南交大数百名师生多次赶赴成昆铁路工程现场，克服种种困难、跨越重重难关，顽强拼搏、刻苦攻关。

成昆铁路经过的大部分地区是川、滇两省的少数民族聚居区，经济发展落后，地方电力十分匮乏，有的地区居民甚至还不知汽车、火车为何物。工地上流传着一个故事：某次修路的铁道兵开着吉普车经过某彝寨，当地群众围住吉普车不肯离去，忽然有一个彝族青年向铁道兵司机发问：“大军，它吃不吃草？我去割点草来喂它吧。”铁道兵司机大笑，然后开车带着这些人走了一段路，让他们体会和认识吉普车，这些人才欢呼雀跃而去。如此，当然更不知电灯、电话为何物了。

成昆铁路的建设，正好为学校提供了一个良好的实践现场。当时，铁道部传令学校：西南成昆施工电力不足，尤其铁道兵部队更缺乏电力供应技术及电源。在这样的形势下，当时学校电机系就以供电教研室所辖专业师生为主，在“北大庆，南成昆”的壮志口号下，于 1965 年 9 月成立两个教育革命实践队，分别开赴铁道兵七师东河发电队及铁八师禄丰一平浪石臼河发电营。当时，曹建猷、刘润田、韶能仁、白家棣等老师率领供电六一级三十余位同学去东河。潘启敬、简克良、徐跃东、李学金、王民英、刘联合等老师率领供电六一级另三十余位同学去禄丰一平浪石臼河发电营，和铁道兵战士同吃同住，过上了人手一枪，饭前一歌，偶尔还要夜间紧急集合、负枪夜奔的军旅生涯。

利用石臼河地形，铁道兵战士开山修路、平整场地，修建一座总容量为六千千瓦发电容量的发电厂。铁路工程完工后，可向地方供电，发展经济。电厂安装四套容量为一千五百千瓦的汽轮火电机组，是从境外购进的。机组经长途跋涉运至石臼河，又费了很大力气运至山上就位安装，终于形成了室内发电单元。由发电机厂房再上一个山坡就是发电厂的升压变电站，那里安装着四台一千五百千伏安的升压主变压器，和四台发电机相对应。整个升压变电站由主变压器、室外变配电系统，以及室内控制、保护系统等组成，系统非常完善。为了施工便利，发电营还在升压站侧建了一座高电压试验棚，以及相应的机械加工车间。应该说，条件是非常好的。整个发电、变电、送电工程是由一个东北电力工程队来负责安装的，在发电厂房内的工程安装中，西南交大师生们也分成相应的工组跟随工程队师傅干活，边干边学，同学中嘴巴勤快一些的，按师傅的说法——有眼力见儿的，就能多学点东西，也有的同学当了“站长”。

图 7-2　成昆铁路

发电厂内工程结束后，这个安装工程队因有其他任务而不能继续参加户外升压变电站的电气安装，这下可难住了铁八师的发电营官兵们。面对此情此景，学校负责教师商定，向铁八师师部及发电营提出，申请承担升压站的全部电气安装工作。为此，简克良和徐跃东专门去云南楚雄八师师部向其总工程师汇报洽谈，经讨论后，此项目得到批准。

整个升压变电站的电气安装工作，从 1965 年 10 月起，持续到 1966 年 1 月。在施工工作中，学校师生克服种种困难，高质量完成户外升压变电站的电气安装以及电力电缆的包扎安装工作，并且都达到了较高的工程标准，为成昆铁路的建成通车作出了重要贡献。同时，学校老师又在工地上因陋就简地进行了一部分相关的理论教学，正是通过这样的现场实践，同学们得到了原始性的工程训练，极大地提高了实际工程实践能力。

三、孙竹生与铁路重载技术

孙竹生（1914—2000），浙江绍兴人，著名爱国民主人士、“工矿泰斗”孙越崎的长子。孙竹生 1937 年毕业于哈尔滨工业大学机械系，1943 年获美国普渡大学工学硕士学位。曾任美国鲍尔温机车公司工程师、沈阳机车车辆制造公司总工程师。中华人民共和国成立后，孙竹生历任学校机械系主任、重载技术研究中心主任等，为国务院学位委员会第一届学科评议组成员。

图 7-3　孙竹生

20 世纪 80 年代以来，孙竹生在西南交大积极组建科研队伍，建立了专职从事科研攻关的机车车辆研究所。他还与他的学生孙翔一道，主持进行了重载列车动力学研究，为我国重载列车的开行奠定了理论基础。1990 年 5 月，由孙竹生创建的研究班子作为一支主要力量，参加了大秦铁路万吨单元重载列车纵向动力学试验，取得了圆满成功，为提高我国铁路运输能力作出了重要贡献。

20 世纪 80 年代初期，“低装备率、高使用率与高强度运输”是中国铁路必须面对的现实。工厂以运定产，难以发展，老百姓坐不上车，怨声载道，中国铁路在呻吟。孙竹生意识到自己担负的责任，饭吃不香，觉睡不着，他在寻求一条使中国铁路摆脱困境的途径。

中国因受限于投资能力，难以修建大量铁路新线；既有铁路线的运输密度也已很高，少有发展余地，而提高运行速度又受到各种条件的限制，只有在提高列车载重量上下功夫。20 世纪 80 年代初期，孙竹生与老专家孙宝融一起，提出在我国发展重载运输，大幅度提高货物列车重量的建议，重载运输在北美、前苏联、澳大利亚和南非等幅员较大，散装货物运量大、流向集中的国家和地区已有很大发展、发挥了巨大作用，其发展条件同样适合于中国国情，但传统思想、传统习惯、传统技术束缚着这一新生事物的发展。孙竹生针对重载运输及其在中国的发展前景进行了更为深入的研究，使发展思路逐渐具体化，同时四处奔走游说，打通各个环节。孙竹生在西南交大组织多方面的专家，主持编写了“铁路运输发展战略对策”，对发展重载运输做了深入的阐述。他通过认真分析，提出了重载列车开行中必须解决的一些关键问题，包括改造现有车辆并发展新型的车钩、缓冲器、制动装置，研究列车纵向冲动的成因及各种解决方式（重载列车动力学），并组织西南交大及有关研究单位进行了研究。

在孙竹生及一批具有真知灼见的专家及领导的倡导下，“大力提高列车重量”被明确写入了铁路技术政策，“重载列车成套技术”也被列入“六五”及“七五”的国家重大攻关及国家重大装备项目。

两个五年计划过去了，重载运输技术装备的攻关结出了硕果，我国也建成了第一条双线电气化重载铁路——大秦铁路。1990 年 5 月，铁道部在大秦铁路进行了我国第一次万吨单元重载列车试验，对多年来的攻关成果进行了全面检阅，学校第一次在这种大规模的综合性试验中承担了重要任务。孙竹生不顾年事已高，风尘仆仆来到大同，登上了试验列车。中国的第一列重载列车，倾注了他多少心血。大秦铁路的成功试验，标志着我国铁路重载运输一个新时代的到来，为我国安全开行万吨级重载列车打下了坚实基础，西南交大也因此荣获国家重大技术装备成果特等奖。

但是，孙竹生并没有以此为满足，他提出，除了运煤专线外，中国更应当在其他繁忙干线上大力提高列车重量，并争取“八五”期间在这些线路上较为普遍地开行5 000～6 000吨整列式重载列车，但还有一系列技术问题要解决。孙竹生提出了一个又一个实施方案，发展重载运输终于在我国铁路科技发展的“先行计划”中，被列为中国铁路扩能提效的主体技术，“八五”期间，“重载运输技术发展的研究”再次列入国家攻关计划。铁道部制定的中国铁路科技“八五”规划主目标——“十二项关键技术”中，大秦铁路万吨级重载运输技术及京沪、京广铁路开行 5 000 吨级重载列车被列为重点项目（分别是第一和第二）。此外，他还率先向铁道部提出了发展双层客车的建议，使我国铁路客运的紧张局面在一段时期内得到缓解。

当今世界，客运高速化、货运重载化已成为铁路现代化的必然趋势和重要标志，铁路重载核心技术更是国际公认的体现国家综合实力的尖端技术之一。铁路重载运输因具有运能大、效率高、运输成本低等优势受到世界各国的广泛重视。我国在快速发展高速铁路的同时，也加大了重载铁路的建设力度。鉴于我国重载铁路动力学理论与技术尚不能完全适应重载运输的迫切需要，西南交大组建了重载铁路系统动力学研究团队，该团队的负责人为中国科学院院士翟婉明，团队包括了蔡成标、王开云、罗世辉等一批重量级研究骨干，开展重载铁路基础结构与长编组、大轴重列车动态相互作用及其关键技术研究，以期构建重载铁路系统动力学理论体系，为我国重载铁路安全运用提供理论支撑。经过多年的潜心研究和发展，中国的重载技术已经走在了世界的前列。几代西南交大人薪火相传，谱写了中国轨道交通事业的壮丽之歌，助推中国铁路开启了世界铁路重载史的新篇章。

四、西南交大与青藏铁路

青藏铁路，简称青藏线，是一条连接青海省西宁市至西藏自治区拉萨市的国铁 1 级铁路，是中国新世纪四大工程之一，是通往西藏腹地的第一条铁路，也是世界上海拔最高、线路最长的高原铁路。媒体评价青藏铁路“是有史以来最困难的铁路工程项目”。青藏铁路分两期建成，一期工程东起西宁市，西至格尔木市，1958 年开工建设，1984 年 5 月建成通车；二期工程东起格尔木市，西至拉萨市，2001 年 6 月 29 日开工，2006 年 7 月 1 日全线通车。青藏铁路的建成通车推动西藏进入铁路时代，进一步密切了西藏与内地的时空联系，有效拉动了青藏高原区域的经济发展，被人们称为发展路、团结路、幸福路。

作为与铁路行业有着密切关系的高校，西南交大充分发挥专业特色和办学优势，从科研服务和人才培养等方面为青藏铁路提供了强有力的支撑。从 2005 年 6 月到 2006 年 6 月，学校顺利完成了 486 名青藏铁路公司机车司机的培训，在西南交大还有一个“青藏班”，为青藏铁路公司“量身定制”青藏铁路一线人才，以及定向培养的来自西藏和青海的铁道运输专业学生。

西南交大还参与攻克了青藏铁路工程多个重大工程技术难题，参与科研项目总数最多，在全国高校排名第一。在青藏铁路建设过程中，有 70%的技术骨干是西南交大的校友。其中，有被誉为“青藏铁路建设大功臣”的著名冻土科学家张鲁新、原铁道部副部长卢春房等。在校内，学校从 20 世纪 60 年代起，就有一批又一批的专家学者参与青藏铁路的技术研究和攻关工作。青藏铁路格拉段（格尔木市—拉萨市）是我国第一条在高原多年冻土区修筑的铁路，学校专家多年来在最寒冷的冬天到海拔 5 000 多米的高原研究青藏铁路冻土技术，为青藏铁路建设提供了可靠参数。有的专家上高原工作久了，受恶劣的自然条件影响，心脏都不好了；有的专家带病工作，为青藏铁路建成通车作出了重要贡献。

（一）攻克难题一：高原无缝钢轨焊接及施工

20 世纪 90 年代起，西南交大焊接研究所以戴虹教授为代表的课题组就涉足了钢轨焊接，研制了便携式数据采集设备和在线质量预测系统，在消化、吸收、创新方面有所突破，从研究成果发展到新产品，为青藏线 AMS60 闪光焊机的工艺调试和质量稳定起了重要作用。经过多次自主研究开发创新，形成了具有自主知识产权的现代化的计算机数控气压焊机，在多个铁路局使用良好，为青藏线 60 kg/m 钢轨的质量突破作出了贡献。

据戴虹教授介绍，青藏铁路地处高寒冻土和温差巨变地区，对检验钢轨焊接最严的落锤试验标准由 2 锤不断提高到 2.5 锤不断，即 100%要求 2 锤不断，其中 84%要求 3 锤不断，这是保证质量的重点；另外对焊接设备器材和焊工技术人员的体力、环境适应性是一个严峻考验，这是保证质量的难点。在攻关过程中，课题组采用了西南交大研制的高频数据采集系统，对其数据进行采集并加以分析，解决了存在的问题，达到了技术要求。专门为建造青藏铁路无缝钢轨发明的数控小型气压焊机被选在青藏线使用，其可使用海拔限度比进口仪器更高，其使用极限达到了近 5 000 米海拔的高寒地区。

（二）难题二：青藏线电力运营管理系统

西南交大电气工程学院主要负责研发的“青藏线电力运营管理系统”是铁道部科技研究开发计划重点课题“青藏铁路一体化电力自动化系统及其关键技术研究”中的一个子项目。该系统用于西宁供电段，是服务于青藏铁路电力设备管理和运营管理的大型软件系统。

据介绍，该系统是基于计算机技术、网络技术和分布式数据库技术开发的，以计算机网络为载体、以供电段电力设备管理和运营管理为主线，实现供电段各种技术资源、设备信息和运营数据管理的大型集成管理信息系统。该系统的建设和投入使用为青藏铁路电力运营管理的信息化、智能化和自动化提供了有力的支持。

（三）难题三：打造世界第一高隧道

青藏铁路风火山隧道全长 1 338 米，轨面标高 4 905 米，是世界上海拔最高的冻土铁路、隧道，也是青藏铁路重点难点控制工程。该隧道位于青藏高原可可西里“无人区”边缘，平均海拔为 4 900 米左右，年均气温-7℃，冬季最低气温达-40.8℃。空气中氧气含量只有内地的 50%左右，被喻为“生命禁区”。工程冻土层最厚达 150 米，覆盖层最薄处仅有 8 米，施工稍有不慎，就会导致大塌方，工程难度之大前所未有。

据介绍，在风火山隧道建设施工过程中，西南交大土木工程学院与其他科技部门联合攻关，取得了较好的试验研究效果。在高原冻土隧道设计和施工中，采用了防水、保温等新技术、新工艺，攻克了浅埋冻土隧道进洞、冰岩光爆等技术难关，掌握了高原冻土路基和隧道施工的有效办法，使之达到了国内外冻土隧道施工的领先水平。

青藏铁路工程建设成功克服了冻土、高寒缺氧、生态脆弱三大世界性工程难题，获专利数十项，发表论文千余篇，总体技术达到国际领先水平。西南交大等单位参与的青藏铁路工程也荣获了 2008 年度国家科技进步奖特等奖。

五、西南交大与京沪高铁

2016 年 1 月 8 日上午，中共中央、国务院在北京人民大会堂隆重举行 2015 年度国家科学技术奖励大会。西南交大张卫华教授等人参加完成的“京沪高速铁路工程”项目获得国家科学技术进步特等奖。

“京沪高速铁路工程”是继学校参与的“青藏铁路工程”获 2008 年度国家科技进步奖特等奖后，第二次获特等奖殊荣的工程。京沪高速铁路全长 1 318 千米，是世界上一次建设里程最长的高速铁路，面临着世界上大距离高速铁路持续高速运行的重大科学问题，其艰巨性、复杂性、特殊性史无前例。20 年的科技攻关和自主创新，建立了我国时速 350 千米高速铁路技术标准体系，建成了高、平、顺和稳定可靠的基础设施，大幅提升了重大技术装备水平，构建了先进的建设管理和运营保障技术，取得了举世瞩目的成绩。以京沪高速铁路工程项目为代表的中国高速铁路，具有技术先进、安全可靠、适用性强、绿色环保、性价比高等优势，已经成为中国高铁“走出去”的亮丽名片。

西南交大大量科研人员参加了基础研究、技术创新等主要环节的长期研究开发工作，为京沪高速铁路的建设和安全运营作出了重要贡献。学校参与组织了高速列车重大装备研制技术创新。围绕高速列车动力学参数设计与优化、整车动力学性能试验验证与优化、高速列车运行动力学参数在线监测与安全评估等关键技术，提出了高速列车耦合动力学理论，建立了高速列车数字化仿真平台，实现了高速列车动力学参数设计与优化；建成了目前世界上速度最快、功能最多、技术最先进的 600 km/h 高速列车台架试验台，实现了高速列车运行模拟、整车动力学性能试验验证与优化；构建了高速列车服役性能研究实验平台，实现了高速列车动力学参数的在线监测，支撑了 CRH380 系列高速动车组研制与安全运行。

在项目研究开发工作中，张卫华对项目技术作出了创造性贡献。他提出了基于车线、流固、弓网耦合的高速列车大系统耦合动力学理论，创新了高速列车动力学研究方法，实现了高速列车动力学参数设计与优化；发明了全参数轨道空间状态下的高速列车运行模拟方法，实现了整车性能验证与优化。因张卫华教授突出的贡献，其作为主要完成人获奖。

项目第一完成人、中国铁路总公司总工程师、西南交大杰出校友、中国工程院院士何华武认为，“京沪高速铁路工程”项目是一个庞大的综合体系，涉及机械、土木、电子、电气、材料、信息、测量控制等多个学科领域，技术难度和复杂性、特殊性堪称“高铁技术博物馆”。项目在基础设施、高速动车组、列控系统、系统检测验证及系统集成、高铁标准体系和管理模式等五方面实现了科技创新。通过这些技术创新，我国时速 350 千米高铁技术体系成熟完备，时速 380 千米的高铁技术得到了初步验证，整体技术达到国际领先水平。

六、西南交大与“复兴号”

2017 年 6 月 26 日，由中国铁路总公司（中国国家铁路集团有限公司）牵头组织研制、具有完全自主知识产权、达到世界先进水平的中国标准动车组“复兴号”由北京南站和上海虹桥站双向首发，分别担当 G123 次和 G124 次高速列车。首批命名为“复兴号”的中国标准动车组有 CR400AF 和 CR400BF 两种型号。与前辈“和谐号”相比，“复兴号”在快捷、安全、经济、舒适四个因素的比拼中全面胜出。同时，“复兴号”整体设计及车体、转向架、牵引、制动、网络等关键技术均是中国自主研发，具有完全自主知识产权，在 254 项重要标准中，中国标准占 84%。“复兴号”2012 年底开始研发、2014 年完成方案设计、2015 年下线、2017 年正式亮相，“复兴号”的诞生历程充满艰辛，西南交大的多个科研团队也深度参与其中。

图 7-4 中国标准动车组在西南交大滚动振动试验台上的动力学实验

作为中国标准动车组研制过程总体组专家与转向架组副组长，西南交大首席教授张卫华所带领的团队参与了转向架的研发，以及转向架设计、技术等评审工作。

中国标准动车组“复兴号”，不仅达到了标准统一、司乘界面统一、互联互通和零部件互换的研发要求，更是做到“硬件完全自主，软件不依赖于人”，实现自主产权和自主生产，是中国高速列车发展的重要里程碑。此外，学校还受中国铁路总公司委托，致力于高速受电弓的国产化工作，负责高速受电弓的动力学参数分析设计，自行研制的高速受电弓也结束了我国高铁“无弓”的尴尬局面。

西南交大牵引动力国家重点实验室曾京教授团队与制造厂商长客、四方展开全方位合作，完成了包括两个型号动车组的列车系统动力学分析等方面的理论研究，以及系列台架试验。

两个型号动车组都在滚动振动试验台上进行了试验，最高试验速度达到 600 km/h；在西南交大轨道交通国家实验室（筹）的结构振动试验台上，完成了动车及拖车转向架构架 1 200 万次疲劳试验，在新建车体疲劳试验台上，完成了 CR400BF 动车组车体疲劳研究性试验，该试验是世界上第一次将纵牵力、惯性力、过隧道时产生的气密性力同时加载的试验。

同样来自西南交大牵引动力国家重点实验室的金学松教授团队作为 CR400BF 车型车辆振动噪声设计的核心团队，全程组织、参与了整车的低噪声正向设计，并通过现场考核试验，跟踪测试和验证评估了低噪声设计的效果。

同时，西南交大材料科学与工程学院戴光泽教授团队研发的国产化轴端接地装置也成功应用在 CR400BF 型动车组上。

七、磁浮列车与“世纪号”

磁悬浮是一项具有前瞻性的高速轨道交通先进技术，最早的研究源自德国。20 世纪 70 年代，随着发达国家经济实力的不断加强，为提高交通运输能力以适应经济发展的需要，德国、日本、美国、加拿大、法国、英国等相继开始进行磁悬浮运输系统的开发。

根据原理差异，磁浮列车又分为常导和超导两大类。磁浮列车的机车牵引力由于不受轮轨之间黏着力的限制，使得磁浮列车可达到很快的速度。常导磁悬浮列车可达时速 400 至 500 千米，超导磁悬浮列车可达时速 500 至 600 千米。磁浮列车的高速度使其在 1 000 至 1 500 千米的旅行距离中比乘坐飞机更优越。

拥有铁路交通高新技术的西南交大，超前研究开发磁悬浮轨道交通技术责无旁贷。西南交大磁浮列车的研究工作始于 1986 年。当时，由从事电力电子器件应用研究的连级三教授提出。1987 年，学校建立了由连级三教授主持的磁悬浮实验室。1988 年，连级三、张昆仑等人研制完成常导悬浮球系统，1990 年研制完成了线路长 7 米、重约 20 千克的小型常导磁浮车模型试验线，为今后常导磁悬浮的研究与发展打下了良好的基础。1994 年，连级三带领团队研制成功中国第一辆可载人 4 吨常导磁浮车，试验线长 43 米，在国内外引起较大反响。该项成果获得 1996 年铁道部科技进步奖二等奖和 1997 年度国家科技进步奖三等奖。

在连级三团队研究常导磁悬浮技术的同时，西南交大王家素、王素玉教授也在着手研究超导磁悬浮。2000 年 12 月 31 日，一辆载人高温超导磁悬浮实验车“世纪号”在西南交大九里校区电气馆旁的一个简易大棚里浮起来了，它是世界上研制成功的第一辆高温超导磁浮列车。这辆可载 5 人，总重 530 千克的实验车，净悬浮高度大于 20 毫米，采用全自动控制系统，所用材料全部采用国产高温超导体块材。该实验车采用了液氮做冷却材料，成本仅是日本采用冷却材料氦的百分之一。2001 年，“高温超导磁悬浮实验车”项目验收会上，专家们一致认为，该课题“开拓了在磁悬浮技术上实现创新跨越发展的可能性”，“达到了世界同类研究的前列”。

2001 年 3 月，该成果参加“863”计划 15 周年成就展，得到时任中共中央总书记江泽民的肯定。江泽民兴致勃勃地登上“世纪号”的画面，通过中央电视台新闻联播报道后，在社会上引起了很大的反响。

从 1986 年至今，西南交大在磁浮列车研究方面取得了不菲的成绩，也培养了大批中青年人才，他们朝着更高、更远的目标迈进。作为高温超导研究领域培养的第一位博士，赵勇教授先后在澳大利亚、日本做超导材料以及超导应用的前沿研究。2003 年被引进到西南交大后担任了学校首席教授。一直以来，赵勇在高温超导材料的化学掺杂效应、微观结构控制、磁通钉扎机理、新材料和新制备技术开发方面做了大量深入的研究，取得了引人注目的成绩。他建立了高温超导材料电、磁、热动力学的耦合理论；开发出一系列新型的涂层导体缓冲层材料和外延薄膜生长技术，取得了一系列的自主知识产权，在一定程度上改变了欧、美、日在高温超导涂层导体缓冲层材料方面技术垄断的局面。

2006 年，沈志云院士在国内率先提出了“真空管道高速交通”的设想，建设一条与外界空气隔绝的管道，将管道内部抽为真空之后，再在其中运行磁悬浮列车。虽然列车在真空环境下，稳定“悬浮”或运行在轨道之上，但车厢内并非真空，乘客并不会有眩晕感。沈志云提出，超高速的真空运输有可能成为未来的交通工具。美国、瑞士等国的研究小组也开展了相应的研究工作。为紧跟学术前沿，西南交大大批优秀的科研人才开始着手相关研究。赵勇带领着科研团队，完成了真空管道高温超导磁悬浮实验系统：一辆如小汽车模型大小的磁浮车，在被注入液氮之后，在真空管道试验线上高速回旋运行。试验的成功，激励了更多的人开展研究。

师从王家素、王素玉教授的邓自刚，如今成为学校超导磁浮领域一颗冉冉升起的新星。2011 年，邓自刚从日本学成归来后，立即带领科研团队，开始研制载人高温超导磁浮列车环形试验线。他们采用 1∶1 研制比例，推出超导磁浮列车、跑道型的环形试验线，并取得了重大突破。在他们的努力下，低压管道中运行的高温超导磁浮车，正朝高速目标行进，而未来，探索新型真空管道高温超导磁悬浮轨道交通模式，已经向他们招手。

图 7-5　载人高温超导磁浮列车环形试验线

2012 年 1 月，我国首台投入商业运营的新型中低速磁浮列车，在中东株洲电力机车有限公司下线。这款革新轮轨交通的磁悬浮列车，浓缩了西南交大几代人的智慧，它利用电磁铁吸引力使列车“浮”于空中平稳运行，无摩擦、零排放、低噪声，有望在张家界景区投入使用，并将带给乘客贴地飞行的新体验，这也标志着我国装备制造科技创新能力步入世界前沿。

今天，西南交大在超高速轨道交通研究领域又有了新的进展。2020 年，5 月 20 日，四川省创建综合性国家科学中心第一批支撑项目正式启动，西南交大“多态耦合轨道交通动模试验平台”作为本次启动建设中的六个项目之一，是唯一由高校牵头建设的项目，得到了四川省、成都市和天府新区的大力支持，总投资达 5.8 亿元，也是西南交大历史上投资规模最大的科学试验装置，建成后，将成为引领未来超高速轨道交通科技发展的重要平台。“多态耦合轨道交通动模试验平台”占地 105 亩，计划 2023 年建成。该试验平台采用‘磁悬浮+管道”的模式，将建设一个长度 1500 米、管道直径 3 米、最低气压 0.005 标准大气压、最高试验速度每小时 1500 公里的高架结构真空管道磁悬浮交通试验线以及相关配套设施。项目建成后，将成为超高速轨道交通领域最先进的综合性研究试验平台，为真空管道超高速轨道交通基础科学问题与共性关键技术，以及大功率轨道助推技术与飞行器动模气动实验研究，提供超高速与低气压的试验环境，引领超高速轨道交通科技发展，助力国家交通强国战略实施。

图 7-6　多态耦合轨道交通动模试验平台设计图

长期以来，西南交大磁浮专家们都有一个梦想：掌握磁悬浮技术，推进绿色交通工具—磁浮列车研究，使其赶超高铁和飞机，实现超高速运行。如今，这个梦想对他们来说，更近了一步。大量技术和经济上的难题，正有待他们去克服；基础理论研究和技术开发也有待他们去做艰苦而细致的铺垫；或许没有30到50年，这一切是难以实现的，但“磁浮”两字如有神力，吸引着专家们矢志不渝，努力奋斗着、前进着。

八、西南交大20世纪90年代末以来荣获的国家科技奖励一览

<table>
<tr><th>序号</th><th>获奖成果名称</th><th>主持/参与</th><th>获奖时间</th><th>奖项</th></tr>
<tr><td>1</td><td>机车车辆整车滚动振动试验台</td><td>主持</td><td>1999年</td><td>国家科技进步一等奖</td></tr>
<tr><td>2</td><td>万县长江大桥特大跨度(420米)钢筋混凝土拱桥施工技术研究</td><td>参与</td><td rowspan="3">2000年</td><td>国家科技进步一等奖</td></tr>
<tr><td>3</td><td>复杂地质艰险山区修建大能力南昆铁路干线成套技术</td><td>参与</td><td>国家科技进步一等奖</td></tr>
<tr><td>4</td><td>中国铁路地区中心客票发售和预订系统</td><td>参与</td><td>国家科技进步一等奖</td></tr>
<tr><td>5</td><td>秦岭特长铁路隧道修建技术</td><td>参与</td><td rowspan="2">2003年</td><td>国家科技进步一等奖</td></tr>
<tr><td>6</td><td>东风4D型系列内燃机车</td><td>参与</td><td>国家科技进步二等奖</td></tr>
<tr><td>7</td><td>铁道机车车辆-轨道耦合动力学理论体系、关键技术及工程应用</td><td>主持</td><td rowspan="4">2005年</td><td>国家科技进步一等奖</td></tr>
<tr><td>8</td><td>牵引供电自动化系统成套技术及应用</td><td>主持</td><td>国家科技进步二等奖</td></tr>
<tr><td>9</td><td>铁路大跨度钢管混凝土拱桥新技术研究</td><td>参与</td><td>国家科技进步二等奖</td></tr>
<tr><td>10</td><td>裸露坡面植被恢复综合技术研究</td><td>参与</td><td>国家科技进步二等奖</td></tr>
</table>

续表

序号	获奖成果名称	主持/参与	获奖时间	奖项
11	大跨径钢箱梁斜拉桥关键技术研究	参与	2005年	国家科技进步二等奖
12	中国西南高边坡稳定性评价及灾害防治	参与		国家科技进步一等奖
13	微动摩擦学研究	主持	2006年	国家自然科学二等奖
14	铁道机车车辆走行部理论研究与应用	主持		国家科技进步二等奖
15	地铁重叠隧道设计与施工关键技术研究	参与	2007年	国家科技进步二等奖
16	双层桥面无隔板预应力混凝土箱梁斜拉桥创新技术	参与		国家科技进步二等奖
17	青藏铁路	参与	2008年	国家科技进步特等奖
18	高海拔地区大型公路隧道建设与营运关键技术及应用	主持		国家科技进步二等奖
19	列车过桥动力相互作用理论、安全评估技术及工程应用	主持	2009年	国家科技进步二等奖
20	时速250公里动车组高速转向架及应用	参与		国家科技进步一等奖
21	西部山区公路铁路泥石流减灾理论与技术	参与		国家科技进步二等奖
22	千米级斜拉桥结构体系、设计及施工控制关键技术	参与	2010年	国家科技进步一等奖
23	秦岭终南山公路隧道建设与运营管理关键技术	参与		国家科技进步一等奖
24	遂渝线无砟轨道关键技术研究与应用	参与		国家科技进步一等奖

续表

序号	获奖成果名称	主持/参与	获奖时间	奖项
25	六轴 7200 kW 大功率交流传动电力机车的研发及应用	参与	2010 年	国家科技进步一等奖
26	岩体爆破振动效应定量评价理论与精细化控制技术及工程应用	参与		国家科技进步二等奖
27	大型及复杂水下隧道结构分析理论与设计关键技术	主持	2011 年	国家科技进步二等奖
28	牵引供电关键设备安全运行检测技术与应用	主持	2012 年	国家科技进步二等奖
29	基于 ASP/SaaS 的制造业产业价值链协同平台	主持		国家科技进步二等奖
30	建（构）筑物拆除定向爆破关键控制技术与工程应用	参与		国家科技进步二等奖
31	高速铁路供电综合监控技术与装备	主持	2013 年	国家科技进步二等奖
32	高水压浅覆土复杂地形地质超大直径长江盾构隧道成套工程技术	参与	2014 年	国家科技进步二等奖
33	隧道与地下工程重大突涌水灾害治理关键技术及工程应用	参与		国家科技进步二等奖
34	砂卵石地层盾构隧道施工安全控制与高效掘进技术	主持	2015 年	国家技术发明二等奖
35	京沪高速铁路工程	参与	2015 年	国家科技进步特等奖
36	国家数字城市地理空间框架技术体系构建与应用	参与		国家科技进步二等奖
37	高速铁路大断面黄土隧道建设成套技术及应用	参与		国家科技进步二等奖

续表

序号	获奖成果名称	主持/参与	获奖时间	奖项
38	高速铁路轨道平顺性保持技术	主持	2016 年	国家技术发明二等奖
39	基于耦合动力学的高速铁路接触网/受电弓系统技术创新及应用	主持		国家科技进步二等奖
40	跨江越海大断面暗挖隧道修建关键技术与应用	参与		国家科技进步二等奖
41	复杂环境下高速铁路无缝线路关键技术及应用	参与	2017 年	国家科技进步一等奖
42	高速铁路狮子洋水下隧道工程成套技术	参与		国家科技进步二等奖
43	山区大跨度悬索桥设计与施工技术创新及应用	参与	2017 年	国家科技进步二等奖
44	大跨度缆索承重桥梁抗风关键技术与工程应用	主持	2018 年	国家科技进步二等奖
45	高速铁路弓网系统运营安全保障成套技术与装备	主持		国家科技进步二等奖
46	大型屋盖及围护体系抗风防灾理论、关键技术和工程应用	参与		国家科技进步二等奖
47	复杂艰险山区高速公路大规模隧道群建设及营运安全关键技术	主持	2019 年	国家科技进步一等奖
48	重载列车与轨道相互作用安全保障关键技术及工程应用	主持		国家科技进步二等奖

九、“中国高等学校十大科技进展”入选成果

为及时宣传中国高等学校的重大科技成果，充分展示高等学校在我国科技创新方面的实力，鼓励高等学校提高科技创新能力，教育部科学技术委员会自 1998 年起，开展了“中

国高等学校十大科技进展”的评选，每年评选 1 次。该项活动的开展对提升高校科学技术的整体水平和科技进步产生了很大的作用，高校入选项目和次数的多少日益成为衡量高校科研能力的重要指标，并得到全社会的广泛认可。相对于其他高校综合排名，高校历年十大科技进展直接展示了高校的科研成果和科研产出，更能真实、客观地反映高校的硬实力。据统计，西南交大的科研成果先后 4 次入选中国高校十大科技进展，入选总数并列全国第七。

图 7-7　西南交大机车车辆整车滚动振动试验台

（一）机车车辆整车滚动振动试验台（入选时间：1998 年）

机车车辆整车滚动振动试验台对发展我国高速重载新型机车车辆和铁路高速运输关键技术及相应的基础理论有重要作用。通过对机车车辆运行的动态模拟试验，测定被试机车车辆的运行性能，可以优化机车车辆结构方案和参数，提高机车车辆的运行品质，开展与轮轨关系有关的粘着、脱轨、蠕滑、疲劳和磨损等基础理论试验研究。利用机车车辆整车滚动振动，试验台可实现车辆稳定性、乘坐舒适度与高速重载技术等有关的试验。机车车辆整车滚动振动试验台采用世界上公认最合理的滚动与振动相结合的模拟方式，并在设计中大胆采用新工艺、新技术和强调合理性，如机械结构的合理设计，加工和测量基准的合理选择，动平衡及加工精度的合理确定等，保证了试验台研制的质量，做到一次安装成功完全达到设计要求和试验能力。

（二）高温超导磁悬浮实验车（入选时间：2001 年）

世界首辆载人高温超导磁悬浮实验车于 2000 年 12 月 31 日诞生于西南交大超导技术研究所。该车在载重 5 人、总悬浮净质量 530 千克时，净悬浮高度大于 20 毫米。该车的研制成功标志着我国在高温超导磁悬浮研究领域进入世界前列，相关研究成果在国际高温超导研究领域受到高度关注。

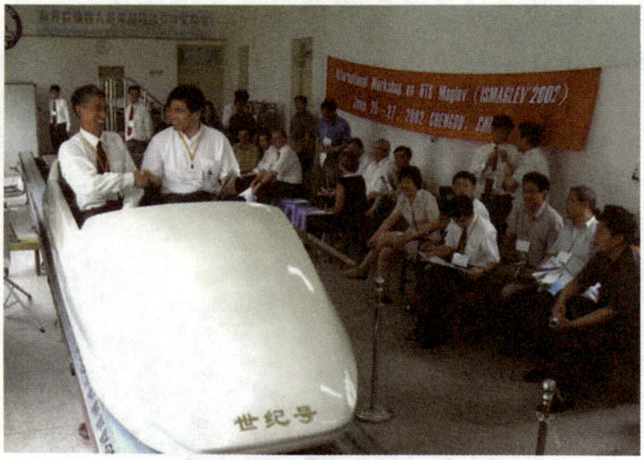

图 7-8 世界首辆载人高温超导磁悬浮实验车

（三）铁道机车车辆—轨道耦合动力学理论体系、关键技术及工程应用（入选时间：2005 年）

中国铁路长期处于超负荷运输状态，其基本特征是，大运量，高密度，客货共线，客运提速货运重载。这种超负荷运输方式在有效提高运能的同时，也严重加剧了机车车辆与线路的动态相互作用，带来了较常规铁路更为突出的轮轨动态安全问题。该项目正是在此背景下开展，旨在解决中国铁路超负荷运输模式发展进程中日益突出的轮轨动态安全问题。该研究结束了长期以来将机车车辆、轨道割裂开来研究的局面，开辟了铁路大系统动力学研究新领域，为中国铁路独特运输方式下机车车辆及轨道动态安全设计提供了先进理论方法和现代技术手段，并为我国铁路进一步发展奠定了关键技术基础。

在工程应用方面，广泛应用于我国铁路机车车辆开发设计、既有铁路提速改造、山区铁路扩能改造、重载运输、客运专线建设等近20个重点工程之中，其中包括京秦、沈大、哈长线等干线铁路提速改造工程，成渝、黔桂、川黔、贵昆线等山区铁路困难路段扩能改造工程，以及秦沈、遂渝、郑四、福厦等设计时速200至350千米的新建铁路工程，攻克了一系列工程技术难题，取得了显著的经济社会效益，为我国铁路现代化建设作出了重要贡献。

（四）新能源悬挂式空铁关键技术与试验线工程（入选时间：2018年）

图7-9　新能源空铁挂线后在轨道上试跑

针对我国城市交通拥堵的社会难题和旅游景区观光需求，考虑到地铁、轻轨建设投资大、周期长的客观现实，以构建“分层次、多制式、功能互补”的综合轨道交通系统为出发点，实现地下、地面、空中立体化交通发展目标，西南交大翟婉明院士领衔“产学研用”协同创新团队，联合中唐空铁集团、中车、中铁等轨道交通企业，全新研发出一种占地少、投资小、工期短、安全性高、绿色环保的新能源悬挂式空中铁路交通成套技术，并在成都建成 1.41 千米长的世界首条新能源空铁试验线，经过 3 万余千米的实车运行试验及系统优化，获得成功，为缓解城市交通拥堵问题提供了一种创新性解决方案。

该项目在国际上首创以锂电池为动力源的新能源悬挂式空铁系统，自主设计、制造了悬挂式空铁列车，构建了悬挂式列车-轨道梁桥空间耦合动态仿真设计平台，研发出新能源空铁关键装备——整体平移式道岔和轨道梁系统。由西南交大与中唐空铁集团共同主编制定的我国第一部工程建设地方标准《悬挂式单轨交通设计标准》于 2018 年正式颁布实施。

图 7-10　翟婉明院士领取 2018 年度
“中国高等学校十大科技进展”证书

该项目研究成果在国内外产生广泛影响，入选中宣部、中央改革办、国家发改委等主办的“庆祝改革开放四十周年大型展览”。应用本项目成套技术的我国第一条悬挂式空铁商业运营示范线在四川大邑开工建设。

十、西南交大与“一带一路”倡议

“一带一路”是“丝绸之路经济带”和“21世纪海上丝绸之路”的简称。习近平总书记“一带一路”倡议旨在借用古代丝绸之路的历史符号，高举和平发展的旗帜，积极发展与沿线国家的经济合作伙伴关系，共同打造政治互信、经济融合、文化包容的利益共同体、命运共同体和责任共同体。

基础设施互联互通是“一带一路”建设的优先领域。作为中国轨道交通领域办学历史最悠久、学科门类最齐全、专业配套最完善、核心资源最集中、综合实力最强的高校，西南交大因铁路而生、因轨道而兴、因高铁而强。长期以来，学校充分发挥铁路特色办学优势，以国家战略需求为导向，全面加强人才培养，着力建设新型智库，大力推进成果转化，全方位助力“一带一路”建设。

加强人才培养，输出技术文化。与中南大学联合发起成立“‘一带一路’铁路国际人才教育联盟”（RTEA），成立“西南交通大学天佑铁道学院”，加快构建铁路国际高等教育共同体和中国铁路教育全球网络；大力培养肩负“一带一路”建设的国际化复合型人才，立足交通行业背景，实施课程改革，鼓励工、文、管、经、法等多学科交叉渗透，培养土木工程（涉外建筑）、英语（涉外工程）等方向的复合型人才；重点设置了一批特色课程，如讲授“菲迪克条款”为海外项目建设提供支持，开设了“应用文写作”提升工程人才在涉外交流中对中国文化的运用能力；举办了一系列国际文化艺术节，让学生深入了解“一带一路”目标国家文化；主动对接“一带一路”倡议，大力开展沿线国家官员援外培训；先后承办了多期商务部援助培训项目，为亚洲、非洲、拉丁美洲和东欧等地的31个国家、170多名官员进行了铁路建设和养护培训，并为他们开设了中国文化课程，助力中国技术和文化“走出去”；加大对“一带一路”沿线国家和地区的留学生招生力度，积极帮助印度和埃塞俄比亚筹建铁道大学，以人文交流助力“一带一路”建设。

建设新型智库，提供决策咨询。打造高峰论坛，汇聚学术智慧。先后在上海、成都等地举办了“中国高铁走出去”战略高峰论坛、“丝路经济带”与“中国高铁走出去战略”高峰论坛、“一带一路”轨道交通发展与合作高峰论坛、东盟合作与互联互通高峰论坛等一系列与“一带一路”建设相关的高水平学术论坛，吸引了共建“一带一路”国家和地区的众多专家学者，共同为“一带一路”合作献计献策。打造新型智库，提供决策咨询。积极响应“一带一路”倡议，先后成立了中国高铁发展战略研究中心、高铁知识产权研究院、历史文化研究院、“一带一路”开发研究院等新型智库，组织教师编撰了《大交通：从“一带一路”走向“人类命运共同体”》等专著，切实推进“一带一路”倡议相关理论研究。

图 7-11　西南交大“中国中铁国际工程班”开班典礼

多方联动协作，推进成果转化。大力推进科技成果权属混合所有制改革，为教师职务发明专利分割确权，贯通了科技成果转化通道。主动适应“一带一路”倡议实施的需要，通过多方联动打造技术创新平台和产业孵化平台，以科技服务助力“一带一路”建设。联合成都市、中国中车、中铁二院、成都地铁等单位共同成立了“成都轨道交通产业技术研究院”；联合青岛市高新区、青岛市科技局等单位，共同成立了“青岛轨道交通研究院”；联合中铁二院、中电十所、中电二十九所等12家单位发起成立了“成都轨道交通产业发展联盟”。“两院一联盟”联动协作，共同致力于轨道交通技术创新和科技成果转化，推进与“一带一路”倡议相配套的高端装备制造业发展。

第八章 坚定西南交大文化自信

坚定文化自信，对于高校而言，首先要做到大学文化自信。习近平总书记指出："文化是一个国家、一个民族的灵魂。文化兴国运兴，文化强民族强。"对大学来说也是如此。文化是大学发展的灵魂和血脉，也是大学立德树人的重要载体，更是大学在世界多元文化激荡中站稳脚跟的"定海神针"。只有立足大学办学传统和办学定位，充分肯定大学文化价值和文化生命力，构建起具有时代精神、风格鲜明的中国特色社会主义大学文化，树立崇高的大学文化自信，才能繁荣兴盛大学文化，促进大学承担起引领时代风气和社会未来，促进人类社会进步发展的重要使命。

中国特色社会主义大学文化作为中国特色社会主义文化体系的重要组成部分，具有自己鲜明的特征和丰富的内涵。中国特色社会主义大学文化既包含追求卓越、鼓励创新的品格，勇于开拓、求真务实的气质，也彰显皓首穷经、宁静恬淡的操守和兼容并蓄、开放包容的气象。同时，由于每所大学诞生的历史背景不同，以及在发展过程中的差异，不同的大学其文化内涵又各具特色、各有千秋，但中国大学均因承继中华优秀传统文化的深厚底蕴，积极借鉴世界各种文明之长，且坚定不移地走中国特色社会主义道路而充满自信。

西南交通大学作为中国近代建校最高的高等学府之一，是中国土木工程、交通工程、矿冶工程高等教育的发祥地，也是中国高等教育发展史上大学文化的重要策源地。其漫长的办学播迁史孕育了厚重的文化底蕴，构建起了以"爱国荣校"为核心价值、以"竢实扬华、自强不息"为基调、以"严谨治学、严格要求"为支撑、以"精勤求学、敦笃励志、果毅力行、忠恕任事"为育人导向、以"文轨车书郅大同"为至高梦想的文化体系，这一文化体系激励着西南交大矢志办学、薪火相传，更鞭策着一代又一代交大人不忘初心、牢记使命，为实现中华民族伟大复兴的中国梦贡献智慧和力量。这一厚重的文化体系植根于中华优秀传统文化，彰显和诠释着社会主义核心价值观，是中国高等教育发展史上的文化瑰宝，更是西南交大实现历史性复兴、建设一流大学的宝贵精神财富，在新时代需要坚定西南交大文化自觉，牢固树立西南交大文化自信，大力传承并弘扬西南交大文化精神，并根据时代特点创造性转化、创新性发展，以更好地为人才培养服务、为复兴交大服务、为人民服务、为社会主义现代化建设服务。

一、西南交大文化体系的逻辑构成

西南交大文化体系内涵丰富、底蕴深厚，是在中华民族从近代走向现代，逐步实现民族独立、人民解放、国家统一、社会稳定，并持续走向繁荣富强的历史大背景下孕育而生的，更是在西南交通大学漫长播迁史的伟大办学实践中锻造出来的。这一文化体系主要包含以下内容：

（1）以“爱国荣校”为核心价值。“爱国荣校”是学校与生俱来、薪火相传的光荣传统，是一种犹如“胎记”的特殊基因，始终伴随着学校发展而传承，在不同的历史时期展现出不同的精神内涵，成为鼓舞和激励一代代交大人为民族复兴和国家富强不懈奋斗的动力源泉。学校孕育之初，时值甲午战败，国运衰微，民族危难，学校始创就担负着“兴学救国”“交通救国”“兴学强国”的伟大使命。在抗日战争岁月里，学校不畏艰难险阻，始终高举中国国旗。广大学生为挽救民族危亡，矢志学好本领，报效国家人民，甚至不惜牺牲生命。中华人民共和国成立后，一批批满腔热血的交大人，自觉响应党和国家号召，毫不犹豫地奔赴祖国各条战线，默默奉献，屡立新功。根据中央建设“大三线”精神，学校出色完成迁校任务，扎根西南，服务国家。改革开放后，交大人更是为了轨道交通事业的腾飞，披肝沥胆，接力奋斗。如今，中国高铁已昂首走在世界前列，成为闪亮的“国家名片”，这其中凝聚着无数交大人的心血与汗水。新时代，“爱国荣校”

拥有了更深刻的内涵和意义，为学校提供了更沉稳的自信和豪迈底气，就是要助力国家夺取世界轨道交通技术制高点，建设世界交通强国。

（2）以“精勤求学、敦笃励志、果毅力行、忠恕任事”为根本育人取向。十六字校训于1930年确立，是学校“起点高、基础厚、要求严、重实践”和“宜诚笃，宜勤朴，基础坚，事功崇”育人特色的升华，是一以贯之的人才培养根本取向，蕴涵了做人做事的品格气象和道德情操等多个方面，体现了中国优秀传统文化的精义。校训中，“精勤”二字意为专心勤勉，精勤不倦，精勤求学则是要求教师要精究学问，精于教学，学生要精于用心，勤于行动。“敦笃”二字意为敦厚笃实，诚朴宽厚，质朴实在，吃苦耐劳，体现了以德为先的育人传统，敦笃励志则是要求教师和学生要集中心力，致力成就大事，教师要致力于培养大才，做大学问，成为大师，学生要致力成为大写的“人”。“果毅”二字意为毫不犹豫，果敢刚毅，知行合一，竭力而为，果毅力行则是要求师生要躬身实践，敢于拼搏。“忠恕”二字意为推己及人，勇于担当，忠恕任事则是要求师生在为人为学为业的过程中，要担当起该担当的责任，时刻秉持“仁者爱人”的大同思想。一直以来，校训教育并熏陶了一代代交大人，他们为国家经济社会发展和人类文明进步做出了积极贡献。今天，校训也规范并激励着新时代的交大人肩负起新的历史使命砥砺前行。

（3）以“竢实扬华、自强不息”为强大精神动力。1916年春，原民国教育部在北京举行全国高等学校作业成绩展览评比，我校以94分的优异成绩荣获全国第一名。同年12月。教育部为此除给我校颁发优等奖状外，还由时任教育总长范源濂特奖学校“竢实扬华”匾额一方，这便是“竢实扬华”的由来。“竢实扬华”意思是培养出优秀的人才，同时使人才更加诚实、务实、朴实、踏实、坚实，从而扬我中华，振兴中华，实现中华民族伟大复兴。“扬华”同时也有扬弃浮华、不尚虚华、追求务实、崇尚实干之意。“自强不息”是学校在长期颠沛流离、饱尝磨难的办学经历中总结出来的，共包含以下几层意思：永不停息、知难而上、完善自我、艰苦奋斗、开拓创新。两句合在一起，则包含四种内涵：“爱国至上、振兴中华”“严谨严格、求真务实”“爱校如家、敬业奉献”“开拓创新、艰苦奋斗”。“竢实扬华、自强不息”精神集中体现了中国优秀传统文化的精粹，是一代代交大人生生不息、团结奋斗的根本动力，更是学校当前改革、建设、发展和创新所需要的精气神。

（4）以“严谨治学、严格要求”为根本支撑。“双严”传统是学校长期以来形成的育人传统，体现了以教师为主导、学生为主体、质量为核心的办学理念。自创建伊始，学校作为一所工程高等学府，不仅要求学生凭借真才实学报国，尤其强调人才培养的质量，以确保工程建设数据精确，严格标准。“双严”传统首先表现在招生质量上。学校办学声誉显著，报考人数较多，但录取比例很小，1930 年学校招考录取比例仅有 14.6%，1936 年为 17.5%。其次是培养过程严格。罗忠忱教授是学校“五老”之首，他对学生要求严格是全国知名的，不但要求公式演算准确，并且要精确到三位有效数字，如两次补考不及格则淘汰退学。再次是对老师要求严格。学校不仅要求教师造诣精深、授学精湛，而且要言传身教，精心教导。经过长期积累，这种精神逐渐成为学校师生的共识并内化为一种传统，并作为学校的办学“符号”，赢得了社会和行业对学校的认同和尊重。正是凭借这种“双严”精神，学校在 1916 年全国高校学生成绩展览会上一举夺魁，荣获“竢实扬华”匾额嘉奖。在 2000 年全国本科教学评估中，“双严”精神被教育部评为学校教学特色，学校成为当时全国 16 所本科教学优秀学校之一。2007 年同样又以优秀成绩通过了教育部本科教学工作水平评估。

（5）以“文轨车书郅大同”为至高梦想。因为学校办学专注于铁路领域，具有极其鲜明的铁路特色，为我国铁路建设培养输送了大批工程技术专家，时任中央研究院院士以及学校国文教员的吴稚晖先生在为学校撰写的校歌中书有“灌输文化尚交通，文轨车书郅大同”的词句。“文轨车书郅大同”体现了学校以及全体交大人以科学技术与人文情怀为基石，以文明融合与交通天下为己任，实现“天地交而万物通”“交通成和而物生焉”的崇高理想。随着校歌在校园传唱不息，“文轨车书、交通天下”也成为一代代交大人的最高理想追求。“文轨车书郅大同”的理想追求，与今天中国“交通强国”战略、“一带一路”倡议，乃至建设人类命运共同体的精神内涵别无二致，学校也将不忘初心，牢记使命，始终保持着鲜明的轨道交通特色，奋力支撑中国轨道交通事业发展。

二、西南交大文化体系的思想精髓

任何一种文化都有其精髓和灵魂，这就是核心价值观。从这个角度看，西南交大文化体系的精髓主要可以概括为崇德、尚实、严谨和果敢，这四者相辅相成，互为补充，进一步丰富了学校的文化内涵，成为决定人才培养方向的最深层次要素。

（1）崇德。崇德是学校育人的不懈追求。在学校的文化体系中，始终把崇德放在首位，教导师生把崇德修身作为终身必修课。比如，学校精神体现了爱国至上、振兴中华，顽强进取、奋发向上的精神风貌；学校校训体现了勤奋踏实，常勤精进的人生态度，笃实温和、宽宏大量的处世风度，坚忍不拔、勇往直前的精神气度，忠诚担当、尽心为民的高贵品格；校歌中倡导诚实、笃实的作风，饮水思源强调知恩、感恩的情怀，等等，它们共同构成了一个紧密相连的德育文化体系，引导熏陶师生涵养良好的个人品德、家庭美德、职业道德和社会公德，坚定地扛起对自己、对他人、对家庭、对工作、对社会和对国家民族的责任担当。

（2）尚实。尚实是学校的底色。作为一所工科院校，学校在创办之时即是秉承实业救国、实业报国的理想，培养优秀的人才为国家和民族做实实在在的贡献。学校内部刊物在1946年就曾指出："唐山的特色是实事求是，埋首苦干。"所以，学校以及培养的一代代交大人的底色就是尚实。这里的"实"有五种内涵：性情真实、知识厚实、做人朴实、做事踏实和事业坚实。性情真实是坚持自我，做人靠谱；知识厚实是基础深厚、专业扎实，有真才实学；做人朴实是厚道老实，默默奉献；做事踏实是忠于职守，忠恕任事；事业坚实是果毅力行，积极投身国家富强和民族复兴的伟大事业。在各个历史时期，"实"始终是学校的文化基因和不变情怀，是一代代交大人的特殊印记和行动指南。

（3）严谨。严谨是学校的本色。学校能够形成严谨的文化传统，不仅在于学生入学把关严格，宁缺毋滥，并且设立了严密规范的办学规章制度，尤其是考试制度以确保人才培养质量，还拥有以"五老四少"等为代表的一大批学风严谨、教风严谨的大师名师。无论在任何时期，学校的严谨风气都没有半点松懈，成为一脉相承的珍贵特质，也是学校两次在教育部本科教学工作评估中获得优秀评价的最佳注解。正是得益于学校的严谨文化熏陶，学校的一批批毕业生走上工作岗位，也始终遵循严谨、严谨、再严谨，细致、细致、再细致的作风，完成了许多国家重大工程的设计及建设任务，形成了有别于其他学校毕业生的独特标识，又使得学校的严谨文化声名远扬、有口皆碑。

（4）果敢。果敢是学校的独特性格，也是校训"果毅力行"文化传统的题中之意。果敢是学校在长期的办学实践中养成的独特性格，面对颠沛流离，不断搬迁，屡受挫折的事实，唯有处事果断，敢于拼搏，不畏险阻，迎难而上，才能在困境中求得生存，打开局面，进而发展壮大，建功立业。学校的光辉历史已经证明了这一点。从中国轨道交通发展史上无数个“中国第一”乃至“世界第一”的诞生，到构建起以世界公认的“沈氏理论”和“翟孙模型”为标志的铁路大系统动力学基础研究体系，从职务科技成果混合所有制改革“小岗村实验”，到搭建起世界首个真空管道超高速磁悬浮列车测试平台等，所有这些，如果没有果毅勇敢、迎难而上的精神品格，何以可能。所以，果敢过去是、现在是、未来仍必定是西南交大独有的秉性追求。

三、西南交大文化体系的当代解读

西南交大文化体系所蕴含的精神理念，深深根植于博大精深的中华优秀传统文化，引领学校坚持走中国特色社会主义办学道路，大力弘扬社会主义核心价值观，将个人梦、交大梦、中国梦凝聚融合在一起，有力支撑学校实现历史性复兴。

（1）植根中华优秀传统文化。西南交大的文化精神是根植于中华大地而逐步形成发展起来的。从价值层面看，中国传统价值观强调以“仁”待人，以“和”为贵，这为学校坚持以文化人，以文育人，“灌输文化尚交通”，“文轨车书郅大同”提供了最根本的价值遵循，同时，学校将“立德树人”作为根本使命，也是对《大学》中“大学之道，在明明德，在亲民，在止于至善”的根本体认。从历史角度看，学校发端于甲午战败、民族危亡之际，把救国强国作为当时的办学目标，中华人民共和国成立后又把筑路报国作为时代使命，当前更是聚焦国家重大战略需求，将服务交通强国作为新时代的担当，这即是学校“爱国荣校”传统的集中反映，与中华优秀传统文化中的“家国情怀”以及正心、修身、齐家、治国、平天下有着天然联系。从文化角度看，学校的文化精神、校训、校歌等校园文化传统，均是在传承和弘扬中华优秀传统文化的基础上，适应时代先进文化和理想追求概括提炼而来，自然与中华优秀传统文化一脉相承，契合贯通。

（2）耦合社会主义办学方向。办好中国的世界一流大学，必须有中国特色。这个特色最大的核心，就是坚持社会主义的办学方向。西南交大文化体系的精神主旨耦合社会主义办学方向，表现在学校将马克思主义科学真理作为办学的根本指导，并把学习、研究和阐释马克思主义作为文化建设的主体，展现出道路自信、理论自信、制度自信、文化自信；表现在学校将培养中国特色社会主义建设者和接班人作为根本任务，将根植于中国大地建设轨道交通领域世界第一的大学作为追求目标，将助推中国轨道交通事业发展和社会主义现代化强国建设作为历史使命，倡导将个人的理想、前途和命运同国家、民族的前途和命运紧密连接在一起的价值观，反映在一代代交大人将中国梦、交大梦、个人梦有机统一于为实现中华民族伟大复兴的具体实践。

（3）契合社会主义核心价值观。中华优秀传统文化是西南交大文化体系的深厚土壤，更是社会主义核心价值观的精神源泉。因此，西南交大文化体系与社会主义核心价值观紧密联系，殊途同归，同时，也从文化育人的角度回答了培养什么样的人、如何培养人以及为谁培养人这个根本问题。首先，从个人素质养成层面而言，学校文化体系引导师生饮水思源，爱国荣校，诚笃勤朴，基础坚，事功崇等，都与“爱国、敬业、诚信、友善”有着紧密的内在联系。其次，从社会价值准则而言，学校设立《西南交通大学章程》，制定各类管理办法，深入实施依法治校，鼓励人的全面发展，支持思想平等，学术自由和创新创造等，也是“自由、平等、公正、法治”的应有之意。再次，从国家价值目标而言，学校在 124 年来探求教育救国、教育强国的历程中，积淀并凝聚了强大的社会担当精神和社会责任意识，始终积极主动、竭尽所能支撑经济、政治、文化、社会、生态发展，是对“富强、民主、文明、和谐”价值观的内化。

（4）支撑西南交大历史性复兴。文化兴则国运兴，文化强则民族强。对一所大学来说也是如此，文化兴校运兴，文化强学校强。作为一所具有124年悠久办学历史的高等学府，学校始终与民族同呼吸、与国家共命运，积淀了深厚的历史底蕴，形成了独具特色的文化体系，为探索具有中国特色的高等教育文化传统做出了重要的贡献。学校文化体系所蕴含的精神追求、精神特质和精神脉络，适应新时代、新形势的要求，符合学校的发展特点，是学校感召力、凝聚力、创造力和影响力的水之源木之本。对此，我们要有高度体认，要不断增强交大文化自信，要有底气、有能力、有办法，把源远流长、跨越时空，极具传播价值的西南交大文化精神弘扬光大，学校的历史性复兴就具有无比深厚的文化底蕴，具有无比强大的前进定力。

四、西南交大文化体系创造性转化、创新性发展

今天，中国特色社会主义进入了新时代，西南交大也站在了新的历史起点上。面对建设社会主义现代化强国的历史使命，面对新时代高等教育改革发展的深刻变化，交大人需要不断提升文化自觉，在继承发扬与互鉴融合中，实现文化体系的创造性转化、创新性发展，全面匹配学校历史性复兴新阶段。

（1）交大自信。回顾学校124年的发展史，西南交大之所以能够栉风沐雨，薪火相传，筚路蓝缕，玉汝于成，一个主要原因在于学校始终保持着强大自信，以及学校师生身上所特有的愈挫愈勇、永不服输的冲劲闯劲拼劲韧劲。学校始创，即为御批国立官办铁路大学，是当时仅有的几所可以培养本科人才的高等学府，为国家和民族培养了第一批自己的铁路工程师。唐山时代，学校人才培养大放异彩，在国际上声名鹊起，被誉为“东方康奈尔”。抗日战争期间，学校举校南迁，颠沛流离，在腥风血雨、战火硝烟中依然坚持办学，谱写了“油灯之下出院士”的佳话，堪称教育史上的奇迹。

峨眉时期，学校各项建设几乎从零起步，虽然深山之中条件艰苦，环境闭塞，但是交大人不屈不挠，矢志办学，同样创造出了新的业绩，开创了峨眉时代。这样的事例，在学校不同时期都有许多，每一次都深刻砥砺了学校的坚实自信，成为我们的优势所在。今天的交大人更应该敬畏交大传统，增强交大自信和交大底气，传承好前辈先贤创造的精神财富，向“复兴交大，建设一流大学”奋勇前进，不达目标，誓不罢休。

（2）勇于担当。勇于担当是西南交大与生俱来的高贵品格。124 年来，从山海关北洋铁路官学堂到西南交通大学，从榆关初创到蓉城壮大，学校的办学事业之所以能够披荆斩棘、不断创造全新历史篇章的重要原因之一，就是对民族、对国家、对人民，特别是对中国轨道交通事业的担当精神。在民族独立、人民解放时期，许许多多的交大人面对生死考验，毅然决绝开展革命活动，奋不顾身支援抗战；在抗美援朝期间，学校是唯一一所奉命参战的高校；世界高拔最高、技术难度最大的青藏铁路工程建设，交大人占了技术人员的 70%；作为中国第一所铁路高等学府，学校有力支撑了中国轨道交通事业从无到有、从弱到强。近一段时期，交大人又肩负起建设交通强国的历史使命，毫不犹豫冲向“一带一路”建设的最前沿，为构建人类命运共同体不断注入强劲的交大动力。正是这种无怨无悔、勇于担当的精神，使交大人成为中国轨道交通事业发展当之无愧的重要脊梁。今天，担当的接力棒又传到了我们手里，我们要“复兴交大，创建一流大学”，不仅要有方向、有路径、有举措，更要有担当、有实干、有落实。勇于担当，力承己责，这毫无疑问应是交大人从学校历史深处承继的高贵品格。

（3）善于创新。回望学校 124 年的发展奋斗史，就是一部重视创新、勇于创新、善于创新的历史，一代代的交大人也都是聪明智慧，富于创新精神的。学校在国内首创毕业设计制度，首创采用世界名校原版教材；与时俱进，及时从单科性的铁路院校向理工结合，文理渗透的多科性大学转变；

学校为中国铁路 6 次大提速、重载运输、新型城轨、高速列车的研制等提供了原创基础理论，支撑我国铁路系统动力学研究处于国际领先水平；中国首条完全拥有自主知识产权的中低速磁浮商业运营铁路其核心技术 60%来源于西南交大；世界首创第一列新能源空轨列车由西南交大牵头研制等。无论任何时候，任务多么艰巨，条件多么困难，交大人总能以高超的创新智慧闯出新的道路，不断寻求突破，取得新的成绩。当今时代，世界瞬息万变，机遇稍纵即逝，唯创新者进，唯创新者强，唯创新者胜。面对新的形势，只要我们重视创新、勇于创新、善于创新，就一定能够打开各项工作新局面，闯出一条具有西南交大特色的复兴之路，也必将迎来“复兴交大，创建一流大学”理想的早日实现。

（4）敢于冒尖。无论是解放思想办学育才，还是敢为天下先的改革精神，敢于突破、敢于冒尖、敢于拔尖、敢于领先从来都是交大人骨子里积淀的文化气质，做任何事总想着你行我更行，就是要拿出来比一比。在新式教育刚刚发轫的 19 世纪末，国人对于如何创办一所现代大学还懵懂无知，学校就大胆择法欧美，融通中外，迅速建立起了一套完整的现代大学制度，为探索中国特色现代大学制度体系做出了重要贡献。为对接国家战略，充分调动科技创新，学校在国内高校中率先探索职务科技成果混合所有制改革，被誉为科技领域的“小岗村实验”，并作为全面创新改革试验的“四川经验”在全国落地发芽。为支撑中国高速铁路未来发展，学校继突破高铁运营速度“400+”千米时速后，又率先向时速“600+”千米的真空管高温超导磁悬浮研究领域进军。交大人就是有这样的站位和视野，有这样的胆略和勇气，敢于设计，敢于试验，敢于探索。今天，我们扎根中国大地办大学，一样要有敢为天下先的勇气和魄力，要继续当好先行先试的排头兵、先行者，建好轨道交通领域世界第一的西南交通大学。

参考文献

[1] 何云庵，鲜于浩. 西南交通大学史（第一卷 1896—1920）[M]. 成都：西南交通大学出版社，2016.
[2] 何云庵，汪启明. 西南交通大学史（第二卷 1920—1937）[M].成都：西南交通大学出版社，2016.
[3] 何云庵，冉绵惠. 西南交通大学史（第三卷 1937—1949）[M].成都：西南交通大学出版社，2016.04
[4] 何云庵，苏志宏. 西南交通大学史（第四卷 1949—1972）[M]. 成都：西南交通大学出版社，2016.04
[5] 何云庵，闫月勤. 西南交通大学史（第五卷 1972—1989）[M]. 成都：西南交通大学出版社，2016.04
[6] 何云庵. 当祖国召唤的时候——交大（唐院）抗美援朝工程队纪实[M]. 成都：西南交通大学出版社，2011.01
[7] 西南交通大学校史编辑室. 竢实扬华，桃李春风—西南（唐山）交通大学校友风采录[M]. 成都：西南交通大学出版社，1996.04
[8] 西南交通大学校史编辑室. 西南交通大学（原唐山交通大学）校史大事记（1896—1949）[M]. 成都：西南交通大学出版社，1996.04
[9] 西南交通大学校史编辑室. 西南交通大学（唐山交通大学）校史大事记（1949—1995）[M]. 成都：西南交通大学出版社，1996.05
[10] 杨树彦. 西南交通大学（原唐山交通大学）校史资料选辑[M]. 成都：西南交通大学出版社，2005.06
[11] 李万青. 竢实扬华 自强不息——从山海关北洋铁路官学堂到西南交通大学（上）[M]. 成都：西南交通大学出版社，2007.12
[12] 何云庵，李万青. 竢实扬华 自强不息——从山海关北洋

铁路官学堂到西南交通大学（下）[M]. 成都：西南交通大学出版社，2011.09
[13] 西南交通大学文化建设委员会. 漫游中国大学 西南交通大学[M]. 重庆：重庆大学出版社，2013.12
[14] 贾志良. 流金岁月：西南交通大学百年故事集[M]. 成都：西南交通大学出版社，2016.05
[15] 彭晓伟. 平越时期唐山交大地下党领导的抗日救亡活动[J]. 西南交大学报（社会科学版），2016（03）.
[16] 汤润清. 唐山“老交大”，从历史的沧桑中再次向我们走来[J]. 唐山师范学院学报，2016（01）.
[17] 梁锦唐. 西南交通大学校史上的“取俞运动”[J]. 西南交通大学学报（社会科学版），2016（07）.
[18] 刘思文，于潇怡. 伪“冀东防共自治政府”时期唐山交大更名事件述评[J]. 唐山学院学报，2016（01）.
[19] 刘思文，黄毓芸.武胡景与唐山交大关系考索[J]. 西南交通大学学报（社会科学版），2016（03）.
[20] 易盛刚.烽火弦歌平越城——国立交大抗战西迁福泉办学6年记事[J]. 贵阳文史，2015（06）.
[21] 彭晓伟，冉绵惠. 平越时期唐山交大地下党领导的抗日救亡活动[J]. 西南交通大学学报（社会科学版），2016（03）.
[22] 贾兆帅，陈晨. 浅析中国特色社会主义大学文化自信——以西南交通大学为例[J]. 西南交通大学学报（社会科学版），2018（06）.
[23] 许金砖. 记陈能宽院士与西南交大[N]. 中国科学报，2016（08）.
[24] 田红，危兆盖，练玉春. 翟婉明：土生土长的土教授[N]. 光明日报，2015-08-20.
[25] 郝瀛. 詹天佑与唐山交大的渊源[N]. 科学时报，2011-06-21.
[26] 夏小童，贾科. 我们宿舍来了一位 80 后院士[EB/OL]. https：//www.sohu.com/a/206216875_407268.

后　记

在纪念西南交通大学建校124周年之际,《跨越三世纪的坚守与传承——西南交通大学文化读本》终于出版了。肇建于1896年的西南交通大学是中国最早创建的现代高等学府之一，124年的历史轨迹，跨越三世纪的文化传承，形成了独具特色的办学传统和价值追求，是启迪后辈学人、实施文化育人的重要资源。编者坚持实事求是原则，重点选取了校史文化中具有代表性的历史事件、重要人物和校园景观，力求知识性、人文性与趣味性融会贯通，读书与育人有机结合，为坚定新时代交大人文化自信和文化认同、提升思想政治教育实效提供支撑。

本书由党政办公室一群年轻人历时一年余编写而成，他们日常工作已然非常辛苦，但秉持着对学校事业的热爱和育人工作的热忱，仍不遗余力完成了本书的编写工作。贾兆帅作为总负责人统筹策划读本构篇并审阅修改全部文稿；陈晨协助组稿统稿工作，并负责编写第七章内容；陈刚负责编写第一章内容；宋俊宏负责编写第二章内容；胡博负责编写第三章内容；张哲负责编写第四章内容；史维生负责编写第五章内容；干璐负责编写第六章内容；贾兆帅、陈晨负责编写第八章内容。此外，党委宣传部鞠红伟老师为本书照片的收集付出了艰辛努力；图书馆、档案馆（校史馆）为本书的编撰提供了诸多校史资料与图片；在编写过程中，我们还参考引用了许多相关资料，无法一一罗列，在此一并致以诚挚的谢意！

同时，本书在前期准备和研究中，还得到了西南交通大学教育教学改革项目：文化育人视野下的西南交通大学文化体系研究（编号：1914013）的支持。

囿于水平和时间所限，书中的疏漏与错误在所难免，许多内容也有待进一步完善和补充，恳请师生校友和广大读者提出宝贵意见，以便今后继续修订完善。

本书编写组

2020 年 5 月 15 日